湛庐 CHEERS

与最聪明的人共同进化

HERE COMES EVERYBODY

[日] 和田秀树 著
赵学坤 译

"笨"小孩也能上名校

アドラー流「自分から
勉強する子」の親の言葉

中国纺织出版社有限公司

前言

家长真的可以把孩子
"说"上名校吗

每每回忆起小时候的种种事情,我就会对弟弟产生强烈的同情。因为如果以现在的眼光来看,他的童年实在是太悲惨了。

外人常拿我们兄弟俩来比较,在众口铄金中,弟弟成了我家"比较没出息的孩子"或"发育慢、开窍晚的那个儿子"。

我的生日在6月。弟弟晚我一年出生,生在12月。虽然看似我俩只差了一岁,但实际的年龄差却有一年半。而且我的语言能力发育超前,弟弟却是天生的"开口晚"。外加他幼时还生过一场大病,所以在小学入学时,兄弟俩的智商水平和行为表现可谓"高下立见"。

"笨"小孩也能上名校

"我的那个笨儿子"
——爸爸给弟弟的标签

我们的爸爸是个心眼大、线条粗的人,从未试图去理解过弟弟的委屈与不甘。

弟弟甚至跟我提起过这样一件事。小时候有一天,他和父亲在街上偶遇了父亲的一个熟人,这位叔叔主动过来打了声招呼:"哟,是和田啊!这是你儿子吧,是不是你家特聪明、有出息的那个啊?"

父亲其实并不了解我们兄弟俩的情况,但不知为何对外总是炫耀我。在我备考知名的私立中学滩中学时,他曾眉飞色舞地跟人显摆:"我的大儿子在小升初模考里得了第一名!"兴奋过头时,父亲还跟人吹嘘过:"我家大儿子是个万里挑一的超级学霸!"

说回父亲和弟弟在路上偶遇熟人的故事。当时,父亲居然回答道:"嗐!别提了。这是我的那个笨儿子。"

光阴飞逝,晃眼便是 50 年。那句话至今仍让弟弟耿耿于怀,可想其冲击力与杀伤力之大,直教人"肝肠寸断"。

前　言
家长真的可以把孩子"说"上名校吗

弟弟居然想考东京大学

我无法理解一个人怎么可能学不会、学不好，而弟弟的成绩又确实一直是个惨不忍睹的状态。但令人咋舌的是，他的自信心始终很强大，坚不可摧，且毫无理由。

我刚考上东京大学（简称"东大"）时，弟弟也升入了高三。有一天他突然叫住我，问道："哥，我要是弄明白了你们滩中学的学习方法，不也就能考上东大了吗？你教教我吧，告诉我你是怎么备考的。"

一时间，我简直瞠目结舌。

遥想当年小升初时，弟弟也和我一样，报考了滩中学。但无奈他发挥不佳，分数惨淡，最后一路"沦落"到了保底学校。初升高时，弟弟也只是直升到那所保底学校的高中部而已。

那所学校每年最多有一个学生考得上京都大学。虽说京都大学在日本也是名列前茅，但跟东京大学比还是有一定的差距。弟弟同校的师兄师姐里，几乎没人奢想过东京大学。

更加雪上加霜的是，即使是在这样一所乏善可陈的学校，我弟

"笨"小孩也能上名校

弟也不是其中众望所归的尖子生。他的年级排名在 60 名开外，一般像这种成绩水平的人，但凡能考个二流大学，就已经是相当了不得的成就了。所以当弟弟突然跟我说要考东京大学时，我只会被吓得不知所措。

滩中学的独家秘笈

最后，我还是接受了弟弟的请求，开始为他系统地梳理滩中学的学习思路、技巧和方法。在此过程中，我逐渐感觉到，滩中学的学习方法真是一套独特的秘笈！而且对于想考东京大学的同学特别适合。

我们来看一道东京大学招生考试中的真题：请写一篇 800 字的文章，并涵盖以下 8 个词语，阐述 ×× 时代货币经济的特色。

显然，靠背书和刷题解决不了这类题目。

那么滩中学的历史课又是怎么教的呢？老师们会要求学生阅读好几本与历史相关的新发表的刊物或书籍，然后撰写观点并辅以论证。

于是我也依葫芦画瓢，要求弟弟去阅读历史书籍，为此类开放

前 言
家长真的可以把孩子"说"上名校吗

性题目做准备。而对那些年号、事件等"死知识",则告诉他只需把教科书上的基本内容记住即可。数学方面,我把各种解题思路分好类别,让弟弟能熟悉不同题目对应的类别及其套路。

掌握了滩中学的学习方法后,弟弟的成绩以肉眼可见的速度飞速提升。最终他竟如愿以偿,考上了东京大学!

我领悟到:**一个人拿高分的关键不是智商或能力,而是掌握备考的要领**。后来,我执笔撰写了多本应试类图书,也在线上教育、升学辅导等领域耕耘多年。回想起来,这一切的起点就是帮弟弟备考的那段经历。

"你绝对是个聪明孩子"
——妈妈常对弟弟说的话

话说回来,弟弟当时的水平与东京大学可以说是相差甚远。那么他的这股自信是从何而来的呢?他怎么就料定"只要方法对,我也能考上东大"呢?

在这一点上,我的母亲立下了奇功。

父亲和我都不看好弟弟,当着外人都敢说弟弟是"我家的那个

"笨"小孩也能上名校

笨孩子"。但唯有一个人例外，那就是母亲。

从弟弟幼年时起，母亲就不停地跟他说："你绝对是个聪明的孩子！"

有时候她还会鼓励弟弟："咱家祖上出了好多大师、贤士、聪明人。你的基因棒极了，不可能笨，你肯定也是个人才！"

为了振奋弟弟，母亲不惜搬出先祖来镇场，可谓用心良苦。但那些有关先祖的描述，到底几分是真几分是假，就得打个问号了……

母亲和弟弟肯定当得起"乐天"二字，但也带着几分天真与傻气。他们对未来充满信心："考东大，没问题！"

这种无须理由的自信，就是让孩子成功的关键。它不仅让人在学生时代无所畏惧，见招拆招，也为其今后一生的成功奠定了最重要的基础。

母亲与阿德勒的灵犀

阿尔弗雷德·阿德勒是近代心理学的奠基人之一，其理论近年来广受关注。

前　言
家长真的可以把孩子"说"上名校吗

阿德勒认为，亲子间是平等的关系，父母和孩子的角色分别是：**孩子负责直面自己人生的重重关卡，勇往直前；父母则负责支持孩子的勇往直前，为孩子注入源源不断的勇气。**

在传统的家庭与家教观念中，亲子间多是父母领导，孩子跟随。所以老话常讲："棍棒底下出孝子""父母最好的作品就是孩子"等。阿德勒的观念与此截然相反。

我的母亲似乎继承了阿德勒的衣钵。但她此生与阿德勒绝无交集，从未读过任何一本阿德勒心理学的著作。

母亲只是自然而然、不知不觉地践行着阿德勒的理念，向弟弟倾注向上攀登的勇气。

"学习是为了你自己"
——妈妈的口头禅

妈妈从不为了学习催促或逼迫我，也从未因我在学习上表现不佳而骂过我一句。

但有一句话，她却在我耳边念叨了半辈子："**不学习，伤害的不是父母，而是你自己。**"这句话的下句也是母亲的常用台词："好好学习,将来受益的也是你自己,不是父母。"

孩子考试得了高分,家长一般都会欣喜若狂地把孩子夸上天。我的母亲却反其道而行之。她认为:"学习好的人是你,那将来得到更高的社会地位、更多利益的人也是你。所以最高兴的人就该是你自己啊,怎么可能是父母?考这么好,你自己心里还不够美吗?还用得着父母花心思夸奖吗?"

母亲常说,现在不学习的孩子,将来肯定要被社会淘汰。那时候,孩子即使再惨再辛苦,他的父母也管不着了。

"现在不好好学习,将来就要吃苦。"

"现在好好学习,将来才有好日子。"

母亲总是贴着我的耳朵,翻来覆去地说这几句话,几乎要把它们刻进我脑子里了。因此,我对母亲的学习观印象深刻:学习是为了自己,为了自己,为了自己……

母亲的话有魔力

母亲不厌其烦地向我强调学习的重要性,提醒我谁才是学习的

前　言
家长真的可以把孩子"说"上名校吗

受益人。她给弟弟的则是澎湃浩荡的激励，其至可以说是洗脑："记住，你很聪明！我儿子出息大着呢！"

弟弟虽没考上滩中学，但母亲的态度也未改半分。她依然坚信弟弟有着巨大的潜力，只是尚需时日去开发而已。这或许是母爱的本性使然，又或许是由于父亲和我给了弟弟太多轻视和压力，母亲目睹后，才愈发要保护小儿子。

弟弟后来去了一所保底学校念初中，何谓"保底"？就是指他连志愿都不用填就能上。学校离家极远，弟弟上学时单程的时长就要一个半小时之久。无奈他身体也不算强健，常在上学路上腹泻，不得不又原路返回家中。弟弟总是尽量去上学，以期能与同学们作伴玩耍。但又因路途太远、身体不适等不利因素，缺课严重。

尽管求学之路艰辛坎坷，弟弟却从未放弃学业理想。而且他还相信，只要方法正确，自己甚至考得上东京大学。

每每想到弟弟的故事，我就忍不住感慨，父母的话语里竟蕴含着如此神奇的魔法。

本书以阿德勒心理学为基础，论述其在家庭教育中的意义和作用。我将根据不同场景和主题，结合实例向读者朋友们介绍运用它的方法。全书的指导性理论就是阿德勒心理学，而我会在此基础上加入自己的思考、观察与体验，希望不仅能授人以鱼，更授人以渔。

愿孩子们都能从本书中获得勇气和力量。这是我此刻最大的期许。

和田秀树

2022 年 3 月

目 录

前　言　家长真的可以把孩子"说"上名校吗

第1章
阿德勒：育儿，以人为本　　　　　　　　　　001

上进心是一种本能　　　　　　　　　　　　　003
每个孩子都有无穷的潜力　　　　　　　　　　005
何惧自卑感　　　　　　　　　　　　　　　　006
胜者恒胜　　　　　　　　　　　　　　　　　008
母亲的"勇气注入"战略　　　　　　　　　　010
补习班治好了弟弟的学习恐惧症　　　　　　　012
目标驱动行动　　　　　　　　　　　　　　　013
"未来"是最好的引路人　　　　　　　　　　015
表扬的蜜与毒　　　　　　　　　　　　　　　017

"笨"小孩也能上名校

发力要找准刀刃	020
能力与品性无须二选一	021
道德水平重于资产水平	024
"被讨厌的勇气"究竟是什么	025

第2章
引爆自学力　　　　　　　　　　027

倾听是沟通之母	029
像刷牙一样把学习"习惯化"	031
先下手为强，先起步为快	033
用规则对抗成瘾	035
及时表扬，激发自信	037
父母的鼓励里都是爱	039
阅读滋养灵魂	041
有功就有奖，进步可以和奖励挂钩	044
多交友，少树敌	046
天道酬勤而不酬基因	048
吹牛要吹聪明的牛	051

目 录

第 3 章
不让坏情绪破坏学习的欲望　　　　053

表扬好结果，批评坏行为　　　　055
罚是罚不出效果的　　　　057
不要禁锢孩子的人际交往　　　　059
越绝望，越不能给孩子贴标签　　　　062
事无巨细地追求完美是种折磨　　　　064
被爱养大的孩子有多幸福　　　　066
小时了了，大未必佳　　　　068
我与筷子的恩怨　　　　070
尊重孩子的学习成果　　　　072
志存高远总不会错　　　　074
孩子和我们是平等的　　　　077
事在人为，不必设限　　　　079
针尖对麦芒可能激化矛盾　　　　081

"笨"小孩也能上名校

第 4 章
会主动思考才能主动学习   083

语言表达要有理，更要有据	085
即使被孤立，也不是世界末日	087
没想法的孩子与有想法的孩子差在哪里	089
孩子撒谎怎么办	091
创造价值就是塑造自信	093
语言表达在家就能练	095
尊重弱者才能彰显人性之光	097
规划并落实一件事情就是真正的领导力	099
看电视的讲究	101
老师的话不必照单全收	103
学会等待，未来一定会有回报	105
照顾与被照顾，就是人际关系的核心议题	107
孩子遇到烦恼时，家长如何介入	109

目 录

第 5 章
迎战"自卑感",扫清学习路上的拦路石　　113

不断调整,试出学习好方法　　115
没有一个孩子"天生脑子就笨"　　117
所有的成功都有意义　　119
偏心的危险和正确的对比方法　　122
一切为目标服务　　124
抗压性的提高　　126
人生是场持久战,真英雄会笑到最后　　127
学习能打开人的视野,提升人的格调　　130

第 6 章
孩子受挫时,家长应该说什么　　133

从失败中学习,才能反败为胜　　135
父母也非圣贤,犯错就应道歉　　137
教孩子分清道理与现实　　139
考试是手段,而不是目的　　141

"笨"小孩也能上名校

| 让孩子跌过的每个坑，都变成鲜活的知识 | 143 |
| 直面问题，不回避、不搁置 | 146 |

第7章 于深渊中赐予孩子向上的力量　　149

拯救深陷霸凌的孩子	151
理想一定要有，因为它真的可能实现	153
学习是一件光芒万丈的事	156
目标是引领人前行的光	158
大大的梦想需要大大的空间	161
把命运的线抓在自己手里	162
父母踩过的坑，当然要提醒孩子	164
偶尔的消费升级可以激发出奋斗的动力	167
爸爸的角色很重要，千万不能缺席	169

目 录

第8章
也许会失败，但绝对不认输　　173

变自卑感为奋进的精神　　175
遇到压力，就是要发泄和倾诉　　177
思维能力的培养也需要循序渐进　　180
别把孩子当机器人养　　182
舞台那么多，何必绝望那么早　　184
必胜的信念不需要前提条件，冲就对了　　186

后　记　勇敢逐梦，陪孩子找到属于他的光和远方　　189
再版后记　世界风云变幻，请用灵活与果敢武装我们的孩子　　193
参考文献　　197

你知道如何引导孩子爱上学习吗?

扫码鉴别正版图书
获取您的专属福利

- "人类天生就有无穷的竞争欲,求胜是每个人的本能"——这是哪位心理学家提出的观点?
  A. 阿尔弗雷德·阿德勒
  B. 卡尔·荣格

- 孩子考试失利了,妈妈说:"你的确没考好,但我觉得你干得不错,你还是很厉害的!"妈妈的回应是否能有效慰藉和鼓励孩子呢?
  A. 是
  B. 否

扫码获取全部测试题及答案,
一起了解如何引爆孩子的
自学力

- 在上小学前家长像教儿歌一样,让孩子背下九九乘法口诀表。这属于值得提倡的适度超前学习吗?
  A. 属于
  B. 不属于

扫描左侧二维码查看本书更多测试题

第 1 章

阿德勒：育儿，以人为本

阿德勒心理学
给育儿的启示

人会奋斗，并不是因为受困于不利的客观环境或被外界原因所迫。人的行为是由某种向上的意志支配着的，我们追求的是高处和远方的目标。

激发孩子内生的自驱力

近年来，阿德勒的心理学理论在日本受到了广泛的关注。

这是一位早在 100 年前即享誉世界的人本主义心理学先驱，个体心理学的创始人，也被誉为"现代自我心理学之父"。他于 1870 年在奥地利出生，后移居美国。阿德勒的学术观点对儿童心理研究有着深远的影响，他认为："人类天生就有无穷的竞争欲，求胜是每个人的本能。"每个孩子都天生看重输赢，任何小孩都热切希望自己能"在学习上得第一名"或"在体育比赛中夺冠"。

但现实是残酷的，有人赢就意味着必定有人输。总有孩子会在学业、运动上表现不佳，自卑感便在他们心中萌芽并生长。那接下来孩子的消极情绪会何去何从呢？关键就看父母如何去承接、消解和引导了。我们要学会激发孩子的斗志，让他们心中的勇气之树即使历经风雨，仍能茁壮生长。

父母应该是孩子的忠实支持者，不断地鼓励孩子："下回咱们一定能赢！""这是你的优势科目，冲啊！"

阿德勒理论最大的特色就是相信："**人会奋斗，并不是因为受困于不利的客观环境或被外界原因所迫。人的行为是由某种向上的意志支配着的，我们追求的是高处和远方的目标。**"

"我要考上东京大学。"

"我以后想当医生，救死扶伤。"

有了远大的志向，孩子就一定找得到学习的自驱力，不待扬鞭自奋蹄。

重要的是，家长不能陷在孩子过去的失败中，一想起来便抱怨或责骂一通。**父母真正需要做的是助推孩子找到一个目标，由此激发出其内生的自驱力。**

阿德勒说，家长想要扮演好助攻的角色，就必须对孩子的兴趣与关注点有到位的理解，甚至要做到比孩子本人还深入和投入。

本章将介绍阿德勒心理学的基本思想。其中的很多观念，对育儿有重要的启示。我们将在正文中看到更详细的阐释。

第 1 章
阿德勒：育儿，以人为本

上进心是一种本能

阿德勒认为，人最重要的动力就是在人群中"追求优越感"。

这个观点也是他开创的"个体心理学"理论的核心，意思是每个人都想在竞争中获胜，上进心驱使着人们去超越他人。这种上进心是人类与生俱来的本能。

阿德勒其实是在回答一个重要的问题，即人类行为的原动力是什么？著名临床心理学家弗洛伊德也回答过这个问题，但他与阿德勒的思考方向截然相反。

"笨"小孩也能上名校

简略地说，弗洛伊德把一切人类行为都归因于性欲的影响。他在晚年又补充说，除了性欲以外，人类的本能中还有攻击欲。这两种动物般的本能欲望深深潜藏在我们的潜意识里，伺机撩拨和刺激我们的心智，形成各种消极情绪与情结，严重时将无法自抑而显露于外，最终还可能给我们造成心理创伤甚至心理疾病。

不过弗洛伊德同时认为，人类是有先进性的。这体现在我们还是有一些能力可以压制一下这两大欲望。

这种学说有人性本恶的色彩，至少说明他对人性的理解是偏悲观的。

在弗洛伊德眼中，人与动物无异，都会被天性中的那股野蛮和残忍驱使而横冲直撞。这个解释若成立，那情形的确堪忧。如果不加教化，这恣行无忌的人世间必将面临源源不断的混乱和灾难。但这确实就是弗洛伊德的人性观。

阿德勒心理学则与之相反。这是一个更相信人性本善的学说，对人性有着更乐观的理解。

第 1 章
阿德勒：育儿，以人为本

阿德勒教育理念

每个人都有与生俱来的上进心，这才是我们的欲望之源。

这个理念强调，没有哪个孩子天生就懦弱畏难，一开始就愿意输，甚至只求输。每个小孩都会热切地希望自己能"在学习上取得第一名"或"在体育比赛中夺冠"。

每个孩子都有无穷的潜力

阿德勒心理学极大地影响了另一位美国临床心理学家，他就是卡尔·罗杰斯。罗杰斯做心理咨询时，有一条指导性纲领："**人活着需要一股自信，但这股自信必须由他本人亲自练就。**"

所以帮助或教导他人时，我们无须给出具体指令。重要的是通过语言传达肯定和鼓舞，使对方形成强大的自信，以此再去滋养他的心灵，激发他的斗志。

"笨"小孩也能上名校

近年来,有种人才培养的理念在日本深受欢迎,名为"教练式指导"。它的意思是,老师不要下达具体指令,像对待机器人般地操控学员。而要像教练一样,激发出学员自身的最大潜力。这与阿德勒的育儿理念不谋而合:父母或老师就是要帮助孩子释放潜藏的能力,缔造属于孩子自己的奇迹,而不是在既定的路线上拽着他往前爬。

人类的砥砺前行并不一定源自外界的鞭笞或胁迫。因为只要有了目标和激励,谁都会主动而忘我地拼搏。父母不用把一切悉数分析给孩子看,指示给孩子做。大道无形,最好的教育就是给孩子大方向上的指导,帮助他去激发自己,约束自己,用自制力战胜诱惑,用自驱力行走天涯。

何惧自卑感

我们研究阿德勒心理学,绕不开一个重要的概念——**自卑感**。

生而为人,就会有旦夕祸福,难求事事完满。但人们却总会对自己些许的不如意耿耿于怀,比如个子不够高、跑得不够快、体质不够好等。我们硬给自己找碴时,从来不会缺素材。

第1章
阿德勒：育儿，以人为本

上苍给每个人都安排了不同的天资和禀赋，非要去比的话，每个人都是输赢参半的。但落后仅是一种对状态的评估判断，人在主观层面对它的感知才是关键。如果人在主观上有了"羞愧"或"耻辱"的感觉，那么就出现了阿德勒心理学所说的"自卑感"。

阿德勒认为，人有一种不服输的欲望，所以总是在追求与他人间的公平和对等。而个子不如别人高、跑得没有别人快都是在痛击这种欲望。求而不得，人便容易自轻自贱："我不行，我笨，我太没用了……"

自卑感不断累积恶化，直到人彻底意识不到自己的价值时，就产生了"自卑情结"，然后就容易患上神经症[①]。

读到这里，你是否会把自卑感看作一种负面情绪体验？

你可能还会进一步猜想：最好的家庭教育一定是不会让孩子产生这种情绪体验的。

其实我们不必谈自卑就色变，自卑感也可能发挥催人上进的作用。

[①] 神经症包括强迫症、焦虑症等，是由心理原因引起的身心障碍或病态行为表现，但尚未严重到产生精神疾病的程度。——译者注

一把好剑是为万世开太平，还是屠生灵、杀无辜，关键看握住它的人是英雄还是恶魔。自卑感也是一样：如果一个人只任它带来"自我否定""消极抵抗"，那这些部分便如同压在心头的无数根稻草，无疑会阻碍他的成长；但一个人如果能化差距为动力，让自卑感以"自我激励""发奋图强"的形式在心中登场，那他就获得了一股奋勇向前的动力。

胜者恒胜

阿德勒如此重视自卑感及其作用，其实源于他的童年经历。

小时候的阿德勒体质弱，还患有佝偻病。这种疾病是维生素 D 的缺乏等原因导致的，会让患者发育不良，引发腿骨畸形等症状，小阿德勒因此无法自由参加户外活动。但他家其他孩子又都很健康。在强烈的对比下，阿德勒心中不免滋生出酸楚的自卑感。

但阿德勒没有一蹶不振。他后来爱上了登山运动，征服高峰的成就感消解了佝偻病等生理缺陷带给他的自卑感。对阿德勒来说，与自卑感的狭路相逢也是一个契机，可以"促使人深入思考自身的状态"。

第1章
阿德勒：育儿，以人为本

明智的反思其实并不强求以弱胜强，你恰恰还应"避开让你产生自卑感的地方，去其他领域发掘、发挥自己的优势能力，从而获得成功"。这才是对抗自卑感的"智胜"思路。

比如一个人天生就是矮个子，却非和别人比身高，那就注定了要一路输到底。他的自卑感在身高上就是无解的，但这个人却完全可以换个领域或目标去超越他人，也仅有如此，才能对冲个子不高带给他的自卑感。

比如，他可以放下对个子矮的纠结，转而施展自己过人的表达与倾听能力，定能广交知音，邂逅良伴；他还可以选择专心工作，既然拔不高个子，那就拔高业绩。反正东边不亮西边亮，只要找准属于自己的那道光，一样能赢得众人的钦佩。

只要能找到优势领域并获胜，其他的便不重要了。而且，这不仅能将自卑感变废为宝，还能激发出强大的自信心。

对于孩子的自卑感，父母不用花心思去否定或掩盖。我们可以与之进行迂回战，支持孩子用其他方面的优越感去冲抵甚至击碎自卑感。

这样看来，学习似乎是最公平又有效的赛道了。分数一高，能解百忧——"我跑不快又怎样？我学习好啊！""我个子是不高，但分数不低啊！"

但要记住，家长不能仅仅只是喊口号，孩子也不能仅仅在心里形式化地想想便作罢。**家长要刻意引导，全力相助，让孩子真切地体验几次成功后的惊喜和荣耀，帮助他获得胜利的实感。**

母亲的"勇气注入"战略

一个人的获胜经验与其勇气值成正比。说到这个，我又想起了我的弟弟。

前言介绍过我弟弟小时候的可怜遭遇。家里就两个孩子，哥哥还处处领先，所以弟弟总被打压和轻视。此处容我自吹自擂一下，除了运动以外，我还真就是触类旁通，无一不晓的。

小学三年级时，父母把我送到了一个珠算补习班。一年内，我就考过了珠算 3 级。考级速度之快，惊艳了周围一众家长。

母亲见罢，大喜过望，还打了个新主意："既然哥哥行，那弟

第 1 章
阿德勒：育儿，以人为本

弟肯定也不弱。"然后便把弟弟送进了同一家珠算班。

但弟弟的珠算学习之旅真是出师不利。他的计算基础本就薄弱，而更加雪上加霜的是他还是个左利手。因为算盘要从右侧开始往左侧拨算珠，左利手的人就容易误触算珠，所以弟弟学得举步维艰。

没有悬念。不出一个星期，弟弟便已跟不上进度，无力再招架任何新内容。遇到这种情况，很多家长可能会心碎一地，然后捶胸顿足地说或逼孩子："才一个星期就不行了？你好不好意思啊！""学费都交了，不能浪费。咬牙学下去！""再坚持一个月好不好？"

仅仅一个星期，弟弟就已经学得身心俱疲，母亲却连半秒钟都未曾想过："这孩子是不是笨？！"

母亲只是认为："我没选对项目，珠算不适合我这个儿子。"她还觉得："提高计算能力的方法太多了，咱不必非绑在珠算这一棵树上啊！"于是母亲爽快利落地把弟弟接出了珠算班，彻底挥别了这场噩梦。然后母亲又给他报了一个以个性化补习而闻名的课外学习机构。

"笨"小孩也能上名校

补习班治好了弟弟的学习恐惧症

这家教育机构的分班标准并不是学生的在读年级,他们根据学生的实际水平布置题目和作业。所以弟弟能从基础的问题开始训练计算能力,慢慢进步,过程中居然也收获了一次又一次"算出来啦!"的成就感。

也许在别人看来,弟弟的这些成就跟哥哥比都是小儿科——当时的我已经能口算四位数乘以四位数的乘法了。但对于彼时的弟弟来说,成功的体验本身远比成功的含金量更为重要。

很惭愧,我和父亲给了弟弟太多否定和轻视。但万幸这家教育机构给了弟弟至高的荣耀,甚至让他第一次感受到了跳级做题的成就感。弟弟变得自信起来,相信自己一定能学好。这个补习班就是弟弟人生中的一个大转机。在这里,弟弟不断赶超着身边的同学。虽然领先优势并不明显,却成功治愈了他对学习的恐惧。弟弟远未强到所向披靡的程度,却在小学阶段一直保持奋进,朝着滩中学这个目标努力到了最后一刻。

前言里提过,弟弟后来就读于一所不算太好的中学,但他相信"只要掌握了方法,我也考得上东京大学"。这份浑身是胆的气势,

第 1 章
阿德勒：育儿，以人为本

或许就源于这家机构给他的自信。

如今我才恍然大悟，母亲就是依照阿德勒心理学在给弟弟注入勇气。当一个人被自卑感压到尘埃里时，只要心中勇气尚存，他便能让自己站起来。母亲本想让弟弟在珠算上触底反弹，激活心中的勇气。但还好他们及时亡羊补牢，转投了公文式教育，才获得了第一场大胜利。

这里的重点并不是向所有人推荐公文式教育，而是在可怜天下父母心。哪怕公文式教育在弟弟身上也折戟沉沙，我相信妈妈仍然不会放弃。她还能再找到一个好途径，全力以赴去为弟弟注入勇气。母亲对弟弟无条件的爱、坚定不移的信心，以及在此基础上的引导和帮助，赋予了弟弟强大的动能，推动着他摧枯拉朽般地击碎所有的羞耻和困惑。这就是一个母亲将勇气注入孩子的过程。

目标驱动行动

孩子有自卑感，不一定就是坏事。某一方面的不足给孩子带来的自卑感，完全有可能被另一方面的优势抵消，孩子甚至还能化自卑为自信。

"笨"小孩也能上名校

但这背后的重要原理是，孩子天生就有好胜心（追求优越感），所以当进展不顺时才会产生自卑感。而不是天生就有自卑感，接下来的努力都只是为了消除自卑感而已。

阿德勒教育理念

> 起初，阿德勒提出："正因为人们有自卑感，所以才会努力求上进。"这种观点重视的是行为的原因，认为自卑感是行为的源动力，所以被称为"原因学说"。
>
> 但后来阿德勒修正了这一理论，将其改为"目标学说"，即人类行为更多地是由目标激励而产生，而非受原因驱使。

比如有些个头不高的孩子在学习上非常刻苦，但并不是所有个头不高的孩子在学习上都刻苦。真正指引孩子们发奋读书的不是生理上的不足，而是心中的目标，是立志考上名校，进入自己钟爱的行业或企业的渴望。

阿德勒说："如果给一个人充足的资源去做某件事，把所需的材料、设备、人力都帮他备足，给他足够的权限，但他自己却无欲无求，没什么目标，那么这些资源就没了价值。"

第 1 章
阿德勒：育儿，以人为本

"未来"是最好的引路人

阿德勒非常关心教育。他创立了儿童咨询中心，倾力为家庭解决亲子关系、家庭教育等方面存在的问题。

一般说来，孩子如果有偷盗、暴力等问题，那么问题的背后就一定有其原因。比如孩子可能是因为家境贫寒才去偷，可能是因为从小被自己的父亲虐待才去虐待他人……

环境造就人，这是肯定的。但环境的影响也不是绝对的。类似的悲惨境遇，却不一定让所有经历过的人都产生同样的问题。且过去的事情无法改变，很多时候，追溯原因并对其纠缠不休，意义并不大。

阿德勒教育理念

人应该面向未来，以将来的目标为基准，调整自己在当下的行动。

所以，从目标学说的角度看来，孩子的很多行为便有了新的解释和引导方法。

例如，当孩子拒绝上学时，从原因学说出发，问题的根源可能是父母没有给到孩子足够的爱，孩子缺爱，渴望爱。但如果用目标学说来解释，就会发现孩子的行为必有其目的，可能他是为了吸引父母或老师的注意。

如果目标学说的这个解释成立，那么家长无视孩子的逃学行为，反而可能是正确的做法。如果不论孩子怎么逃学，都吸引不到大人的注意，他搞不好便会试试好好表现，乖乖去上学，兴许还会被表扬。于是问题可能就被轻而易举地解决了。

再比如，孩子拒绝学习时，原因学说的解释可能是："这个孩子天资太差了。"但从目标学说看，情况大不相同：孩子可能是没选对本阶段的目标，或者他需要找到正确的优势领域，激发自己心中的勇气。

不论当下面临什么问题，都不要过度纠缠于已经发生的事情，而要面向未来找答案。

即使孩子在成长中遭遇困境，家长也无须气馁，问问自己："此刻什么目标才是值得追寻的？为此，又有什么事情是马上就能做的

第 1 章
阿德勒：育儿，以人为本

呢？"想明白之后，一切迷茫和苦恼便迎刃而解。

表扬的蜜与毒

阿德勒心理学认为，父母和孩子的地位是平等的。

阿德勒甚至说，家长表扬孩子，不见得就是好事。因为表扬也有副作用。表扬人和被表扬人之间其实并不平等，他们是上下级的关系。

我们假想有一个小运动健将。他很努力地参加体育训练，但父母却从不表扬一句。只有当这个孩子在学习时（哪怕只是一小会儿）父母才会大喜过望，拍手称赞。大人像这样刻意表扬学习，且只表扬学习，会有什么后果呢？

后果就是孩子学会了隐藏真实的自己，以及小心翼翼地看他人的脸色。从此小运动健将不再运动，而是根据父母的喜好来安排时间。心里纵有百般难过，他也会为了讨好父母而去学习。

短期来看，孩子在成绩上肯定有进步，但将来却多半要放弃或崩溃。因为他的学习缺乏一个正确的目标。

阿德勒教育理念

> 一个好的目标应该源自自己内心的渴望。我们应该在自己渴望的领域中体验成功，让自己感到充实和愉悦，而不是服从外界的评价或意见，用成功去讨好他人。

所以，父母想让孩子学习时，千万不要让孩子觉得"我要为爸爸妈妈去学习了"。父母应该激发出属于孩子自己的学习目标，让他觉得"学习都是为了自己，所以我现在该去学习了"。

很多育儿书籍都说："只要孩子做了一件事，家长就必须夸奖。哪怕没有结果可以夸，也要夸夸过程。"乍一看，这种做法能让孩子感受到父母对自己炽烈的爱与接纳。但实际上，勉为其难的表扬反而可能抑制孩子的活力与自驱力。

如果尘埃尚未落定，或结果并不如人意，父母却要强行做出评判，甚至有时这个评判还与事实明显相悖。那么这就意味着父母的意志可以凌驾于事实之上，父母的地位是要高于孩子的。

第1章
阿德勒：育儿，以人为本

父母也许会说："这次考试／比赛／任务虽然完成得不太好，但你也努力了嘛！"或说："你虽然失败了，但我们觉得你干得不错，你还是很厉害的！"

其实孩子不一定能从这些"为了表扬而表扬"的话里得到多少慰藉，甚至会觉得自己在父母眼中就是个小傻瓜，可以随意被哄骗。渐渐地，孩子便更没了自信，愈发品不出成功的真正滋味了。

所以，阿德勒不赞同父母夸张空洞地表扬孩子。**孩子最需要的是真实的成功体验，以及从中积累到的喜悦与自信。**

如果父母总在孩子失败时强行表扬孩子，非要把坏事强说成好事。那么久而久之，孩子的动力就会被消磨掉，判断力也会丧失，整个人变得萎靡无力。

让孩子亲自体验成功，是帮助他们形成自信的最佳途径。父母再是"扭转乾坤"，把挫折和困境都夸出花儿来，其实也都是居高临下的感情施舍。远不及让孩子历经艰难后再亲自品味真正的成功。

发力要找准刀刃

阿德勒反对父母和孩子间的上下级关系，推崇亲子间地位平等。所以，父母为孩子注入勇气的实践，也需建立在平等的前提之上。

另外，父母的任务不是把孩子强行拎到一个他根本爬不上去的高度，然后命令他"守土有责"。相反，父母要循序渐进地引导孩子发挥出最大的潜能，帮助他们脚踏实地爬到自己能达到的最高山峰。

要做到"引导"而非"强迫"，家长就要掌握一个极其重要的技能——同感。阿德勒说的同感，是指站在对方的立场去理解事物，并用对方的语言来表达观点。打个比方，你要用对方的眼睛、耳朵、嘴去看、去听、去说。

与他人同感，要求我们首先能够把握他人的关注点在哪里。

那么家长应该如何在同感的基础上引导孩子去学习呢？假如一个孩子对学习没有任何兴趣，但父母还是眉飞色舞地对他说："好啦，可以去学习喽！""学习是件很好玩的事儿啊！"孩子听了这些尴尬又空洞的鼓励，只怕会更加厌恶学习了。

第 1 章
阿德勒：育儿，以人为本

父母首先要做的是，看看孩子对什么事情感兴趣。如果父母发现自家小孩特别喜欢记车的品牌名称，就可以由衷地表扬孩子的记忆力，大力肯定他在记车名上的成就。虽然孩子只是记住了一些车名，却感到自己身怀绝技，可能会对自己说："在车的世界里，我是无敌的！""我得多背点车名，回头再给大家秀秀我的实力！"

于是孩子在自己喜欢的领域里首次体验到了成功的滋味。再小的成功都能让他形成强大的自信，进而敢于向下一个目标或领域发起挑战。他或许会说："学习上我也想赢！""运动方面我应该也很强！"如此一来，他便会把感兴趣的领域扩展开去，从车一步步延伸到学习、运动等很多方面。

家长想让孩子养成良好的学习习惯，取得优异的成绩，就要从孩子感兴趣的领域开始帮他打好自信的基础。我们不能因为急于求成而跳过这个最关键的步骤。

能力与品性无须二选一

我们之前一直说，孩子要有不甘人后的好胜心，并在此驱使下去迎接挑战，勇争第一。有些家长可能会担心，这样的教育会不

"笨"小孩也能上名校

会让孩子满眼只看到输赢，成为一个精致甚至赤裸裸的利己主义者呢？

说到输赢和人品之间的关系，人们大致有两种看法。一种看法是："学习或运动上表现出色的人往往品性卑劣。因为这些人只信奉强者为王，所以他们冷漠自私，对弱者缺乏同情和尊重。"还有一种看法是："竞争中的输家难免会产生酸葡萄心理，性格容易扭曲。赢家和强者反而心胸更宽广，性格更爽朗。"

相对而言，阿德勒更赞同上述的第二种看法。

阿德勒教育理念

"学习好"和"性格好"是可以两全，也应该两全的。

人类是群居动物，个人难以脱离集体而独立生活。我们真正应该追求的是，在共同生活中彼此奉献成全，最大化所有人的幸福。

阿德勒称这种群体意识为"共同体感觉"。

其他的心理学流派很重视如何提升个人的能力、如何让个体更

第1章
阿德勒：育儿，以人为本

有自信、如何处理好自己与他人的关系，或将研究重点放在心理疾病的治疗与康复上。他们会深入分析个人遇到的种种问题，并给出解释和改善方案。

与此相对，阿德勒心理学则更关注个人如何能为社群乃至全社会做出贡献，希望去激发个体的潜能，提升人的精神境界。阿德勒心理学追求的"完人"，不会仅满足于自身的健康和愉悦，更会在共同体感觉的引导下，为他人和全社会创造价值。

因此，阿德勒认为，不存在"学习和品性非得二选一"的问题。一个人本就应该在学业优秀的同时，也保持品行端正和心理健全，否则如何能为社会创造价值？

每个孩子都可以成为全面型的人才，让人交口称赞："瞧瞧！这孩子真是性格好，学习也厉害！""他特别好相处，但没想到在运动上也那么优秀！"

人的能力不是一道单选题，我们不用在孩子的学习、运动、性格等方面纠结，生怕选错了培养的方向。全面发展，四面开花，未来必定可期。

道德水平重于资产水平

如前所述，阿德勒赞同孩子们的好胜心，鼓励孩子们不懈进取。但他也从不蔑视或放弃失败的人或群体。

阿德勒心中的模范人物应该是战无不胜，又心存慈悲的。 优秀的人应该既能让自己在社会竞争中取胜，也能对穷人的苦楚感同身受，向需要帮助的人施以援手。

我们为人父母，除了告诉孩子竞争的残酷，鼓励他们奋勇争先以外，还应培养孩子的共同体感觉。共同体感觉要求孩子能理解到：**我们所有人都是一个整体，大家要一起生存、生活。**

有共同体感觉的孩子相信群体生活的力量与意义，他不会为一己之私去伤害他人，破坏规则。他富有正义感，愿意帮助弱势群体，不可能目睹社会的种种不公而无动于衷。

我常对女儿们说："连一块钱都舍不得捐的富人，没什么了不起。""你们可以成为有钱人，但不要做卑鄙的有钱人。""要对弱者心怀尊重和关爱，善良正直永远不会错。"

第 1 章
阿德勒：育儿，以人为本

"被讨厌的勇气"究竟是什么

阿德勒虽然推崇共同体感觉，但并不是要求人们对不喜欢、看不惯的社会现实一味地忍耐，甚至与之同流合污。

在阿德勒生活的时代，纳粹势力正在抬头，极权主义开始盛行。看到言论自由被剥夺，人民被强制劳役，阿德勒忧心忡忡。在他眼中，纳粹就是一种集体歇斯底里[①]。

阿德勒相信人的力量，相信一定有人可以对抗这种集体歇斯底里，并把社会扭转到正确方向上去。

最近，《被讨厌的勇气》一书在日本走红，荣登各大畅销书榜单。这本书为阿德勒心理学带来了极高的人气与更多的关注。

俗话说，有一千个读者就有一千个哈姆雷特，人们对"被讨厌的勇气"也有各种各样的解读。有的人理解为："做人就要特立独行，被大众看不惯才是好事。"有的人则认为这是在为孤僻的性格

[①] "集体歇斯底里"或称集体发疯，指多人同时出现恐慌、错信等心理病状，且这些病状还以谣言为中介传染了更多的人。——译者注

"笨"小孩也能上名校

唱赞歌:"孤独就孤独,不合群又怎样?"但其实这些说法多少都误解了"被讨厌的勇气"。

阿德勒教育理念

> 被讨厌的勇气是指:即使我看上去与这个社会格格不入,似乎被很多人嫌弃,我也不改初心,自信依然。因为我知道自己就是这个社会的一员。

纳粹当道时,仍有豪杰横眉冷对谬误的浪潮、集体的歇斯底里。这些英雄才真正拥有"被讨厌的勇气",敢于在迷雾和险境中坚持正确的是非标准。他们身上有"虽千万人吾往矣"的气概,为社会做出了非凡的贡献,正是阿德勒赞扬的对象。

一个人要找到最高级的人生意义,就要找到他身上最大的优势和特长,并将其转化为对社会的贡献。希望我们的孩子都能找到自己的一技之长,且能让世界因此而变得更美好。

第 2 章

引爆自学力

阿德勒心理学
给育儿的启示

一切教育和引导都要建立在孩子对父母的信任基础之上。父母必须获得孩子的信任。

成全孩子"向上生长"的欲望

孩子主动坐在书桌前，读书读到两耳不闻窗外事的境界，可能是每个家长梦寐以求的。但梦想却很难照进现实，说起孩子真实的学习状态，父母还是感觉头疼多于欣慰，无奈多于惊喜。

阿德勒提倡亲子间的平等关系，认为一切教育和引导都要建立在孩子对父母的信任基础之上。父母必须获得孩子的信任。

既然我们和孩子是平等的关系，那么我们要怎么做，才能赢得孩子的信任呢？首先要从什么事情做起呢？

当务之急就是要全面而深入地了解你的孩子，站在他的立场上感知和思考事物。

首先，你需要好好倾听孩子说的话。父母要向孩子表达关注和理解，让孩子感受到被看到、被理解。

其次，获得孩子的信赖之后，家长才可"夹带私货"，循序渐进地激发孩子对学习的兴趣。比如："凡事都是做过之后才知道，自己原来搞得定！""再坚持一会儿，你可以的！""加把劲，冲过去！"

及时肯定孩子的成果是很重要的，再小的成功都有助于激发他的自信。当孩子取得显著的进步或成就时，家长更得好好奖励，不要担心"一分成果，一分嘉奖"会宠坏孩子。

总之，我们要时刻向孩子传递出倾听和关注的意愿，让他感到"爸爸妈妈很高兴听我说话"以及"父母很在乎我，他们一直在关注我"。这种良好的氛围才是育儿的基础，是获得孩子信任的关键。

本章将介绍推动孩子自觉去努力的方法及要领。孩子在学生时代越会学习，将来进入社会后也就越有优势。父母如果能激发出孩子积极向上的竞争欲，那么以后就只需在他身后助推几把即可。

第 2 章
引爆自学力

倾听是沟通之母

> "今天学校教了些什么啊？"

孩子在学校的学习体验是他成长状态的晴雨表。老师讲了什么内容，孩子是否听得懂、跟得上等，家长最好要及时把握。父母如果能每天都跟孩子聊聊他在学校的情况，是最好不过的。

如果每天都有沟通，那么突然有一天孩子不张口了，家长就能及时察觉问题："这不正常，一定是发生什么事了。"

孩子哪天要是神情郁闷，父母就可以进一步深挖，看看是他的人际关系出了问题，还是学习上遇到了困难。

"笨"小孩也能上名校

孩子可能坐在书桌前，但摆出一副百无聊赖、无所事事的样子。那么他大概率是在学习上遇到了大难关，挣扎许久也没有眉目，于是斗志快被消磨殆尽了。妈妈可以问他："今天学校教了些什么啊？"在交流中，妈妈便会知道哪些内容孩子已经学会了，而哪些内容还存在问题，孩子没掌握好。

妈妈不妨撸起袖子向孩子建议："不如咱们一块儿再把题目都做一遍吧！"一边做，一边帮孩子把知识的薄弱点和盲区重新巩固一遍。

不过，倾听孩子说话看上去容易，做起来难。小孩刚学会说话时，即便再口齿不清或童言无忌，父母都乐在其中，百听不厌。但等孩子上了小学，还要听他们嘟嘟囔囔地瞎聊些低幼话题，就真的让家长脑仁发疼了。

可能孩子感兴趣的话题非常有限，翻来覆去也没有什么深度和新意。我们听不了几天就无聊到哈欠连连。但即便再听不下去，也别把不耐烦写在脸上，因为这种表情或神态一定会破坏孩子对我们的信任。

第 2 章
引爆自学力

阿德勒教育理念

父母想帮孩子注入勇气,让孩子变得无所畏惧,首先就要去倾听孩子。即注入勇气之前,要先通过倾听拉近心与心的距离,获得孩子的信任。

对于孩子来说,父母能让自己信任,就意味着"不论我讲什么,爸爸妈妈都会开心地听,而且会一直听到最后"。有了这种信任,孩子才愿意和父母有话直说,无所顾忌和保留。

当孩子有了新进步或新发现时,家长更是要好好倾听,及时肯定:"宝贝真厉害!""这个了不起!"

像刷牙一样把学习"习惯化"

"今天的目标是做完这些题。"

阿德勒向孩子们解释努力的重要性时,常用他自己学习游泳的经历来举例。这段经历总结起来就是:"一开始下水时我什么都不会,觉得什么动作都很难。但我不停地练习,随着时间流逝,最后就成功学会游泳了！"

小学阶段的学习内容，就是需要反复练习才能掌握到位的。大量的重复练习，一定能有效提升孩子的成绩。而孩子只要看到成果，就会感到骄傲，会主动想进行更多的练习。这是一种良性循环，孩子进入得越早越好。

就像小孩最初学习刷牙时，大都是不情不愿的。而一旦刷牙刷成了习惯，他们便心甘情愿地去刷了，哪天忘了刷还不舒服。

阿德勒希望孩子的学习也能在长期的反复练习中习惯成自然，一如他们当年练习刷牙。如果有一天，孩子能因为没学习而感到浑身不舒服，那才是把学习彻底融进了自己的生活，已经视学习为日常，甚至是享受了。

我有个简单的计算方法，供小学生们安排学习时间时参考。每日学习时间＝年级 ×（20～30）分钟。由计算可得，一年级的孩子每天要学习 20～30 分钟，二年级的要学习 40～60 分钟……六年级的要学习 2～3 个小时。

合理规划学习内容当然也很重要。但在学习达到习惯成自然的境界之前，我们需要让孩子懂得：每天都要有一定量的时间用于学

第 2 章
引爆自学力

习。以这种方式让孩子对学习产生惯性甚至是依赖。一旦孩子养成了学习的习惯，家长就可以放下对时间的坚持了。我们不必再说："今天要学习1个小时。"而是可以按照内容量来布置学习任务，如："今天的目标是从这里学到那里，所以答完这些题你就可以休息了。"

从我的经验来看，定量而不是定时，能让孩子学起来更积极主动。有时候，家长还可以说："做完这些题，就可以去玩游戏了。"给孩子预告一下学习完成后的快乐时光，也能激励他们去提高效率。孩子做完作业后，家长一定要仔细检查，如果发现错误就要让孩子当场订正。孩子绝不能草草作答，糊弄一番便交卷走人。毕竟考试时可不是只看交卷速度，而不管答案正确与否。

如果孩子已经完成了今天的学习任务，就别再给他追加学习时间了。说好定量就定量，不要勉强凑时间。

先下手为强，先起步为快

> "你确实比其他孩子都厉害，挑战点更难的题目吧。"

想让孩子喜欢上学习，还有一个好办法，那就是超前学习。

"笨"小孩也能上名校

在小学入学前，家长就可以先把一些知识教给孩子。但此时注意要量力而行，不可揠苗助长，以后才能达到事半功倍的效果。比如，家长可以像教儿歌一样，让孩子背下九九乘法口诀表。等到孩子真的开始学习乘法时，便会神奇地发现自己能"无痛学乘法""轻松答对题"。

适度的超前学习，能给孩子带来先下手为强的巨大优势。

只要孩子的知识储备允许，学习态度端正，家长就可以引导孩子进行超前学习。那么他在正式学习时，就能更快地吸收知识，更深地理解知识。

孩子会觉得："我真是聪明！""我比大家都学得好。"但超前学习并不等于填鸭式地强行打造神童，我们只是希望孩子在学习上能找到成就感和自信，从而推动他产生更强的学习欲望。在此基础之上，自觉学习和提高成绩就不是难事了。

但问题是，有的孩子正因为学习过相关知识，所以在课堂上就不认真听讲了。他们会觉得："老师讲得太简单，真无聊。"但迟早有一天，这些小天才们会如梦初醒，突然发现自己居然跟不上学校的进度，想听都听不懂了。这样的超前学习真是辛苦一场却鸡飞蛋打，只换来适得其反的后果。

第 2 章
引爆自学力

因此，对自我感觉良好的孩子，家长要时时提醒他复习的重要性："你事先预习过的知识，在课堂上经老师加深一遍，才算是真的学扎实了。"还要让孩子明白，不能因为自己超前学习了，就看不起其他同学，或在课堂上自以为是，吊儿郎当。如果孩子实在是"吃不饱"，就让他去尝试比常规教学难度更高的题目。家长可以巧妙引导："看来你吸收知识的能力确实强，一学就会。要不咱加大难度看看？""二年级的知识你学得很好了，敢试试三年级的吗？"

当然，我要再次强调：不要强行加大难度，不要逼孩子做超过他实际水平的事情。如果发现孩子学得相对较慢，连课堂进度都跟不上，那么超前学习就是火上浇油。我们给孩子准备的题目必须比课堂内容还简单，主要是引导他品味成功的喜悦，让他在一次次"我能行"的体验中形成自信。

用规则对抗成瘾

"可以玩游戏，但时间要控制在 1 小时以内。"

在各种心理问题中，有一种是治疗难度极高，有时连专业机构都束手无策的，那就是"成瘾症"。

"笨"小孩也能上名校

成瘾症是指人们反复体验到某事或某物带来的快感、刺激感后，对此产生了过于频繁且无法抑制的强烈欲望。浅显地说，当一个人明知做某件事情不对，但他不做不行，无法控制自己时，就算是患上了成瘾症。

能让人成瘾的对象有很多，过去常见的有酒精、尼古丁、药物。现在又多了在线游戏、赌博机、网络、智能手机等。天下苦成瘾症久矣，深陷其中的人痛不欲生。而且形势还愈发恶化，成瘾者的数量仍在攀升。

在日本，打开电视就躲不掉各种赌博机、在线游戏、酒类产品的广告。广告主们投放得理直气壮，我却忍不住要给他们的社会伦理观打上一个大大的问号。

很多人担心："孩子玩游戏没完没了的，肯定要影响成绩啊！"但其实成瘾行为的恶性影响远不止影响学习这么简单，它还会破坏大脑的激励系统，击溃一个人的自制力。

要想终结一个人的成瘾行为，没有其他办法，只能尽量减少他与成瘾对象的接触，直至自控力恢复或实现彻底戒断。不想让孩子对游戏过度沉迷以致成瘾，家长就要定好时间，约定的时间一到就雷打不动地关机。无论孩子如何恳求，都不能破例。一个人对成瘾

第 2 章
引爆自学力

对象的戒断时间越长，他患成瘾症的概率就越低。

此外，孩子如果是悄悄在自己房间里玩游戏，时间感就容易被模糊。他可能越玩越久，越玩越沉迷。父母最好禁止孩子把游戏机、电脑、手机等设备拿到儿童房里，告诉他游戏设备要存放在客厅等公共空间。

我们还可以跟孩子约定好，玩游戏时必须有家长在场。没有这条规则，孩子玩起游戏来便难有节制，疯狂占用学习时间当然就无可避免了。

及时表扬，激发自信

> "这件事情你都能做到，太厉害了！"

"自体心理学"是现代美国精神分析界的重量级流派，其创始人海因茨·科胡特（Heinz Kohut）提出，儿童会发展出一个"夸大自体"。

"夸大自体"是指个人对自身的一种过于美好的理解，甚至可以说是一种幻象。它让人觉得自己潜力无穷，能力无限。那么，夸

"笨"小孩也能上名校

大的自体是如何形成的呢？我们来看一个小婴儿学走路的例子。当小婴儿学会颤颤巍巍地走路时，他的父母一定兴奋得两眼放光，大叫着夸奖："宝贝太棒了！"婴儿听罢，便有了自信，想去挑战下一个难关，让父母更兴奋一些。

挑战成功后得到夸奖，被夸奖后又有动力进一步去挑战。小婴儿在这个良性循环中，逐渐找到了一股强大的原始自信，甚至可以说是野心："我简直无所不能！"这种略显夸张的自我肯定与认知，就是科胡特说的"夸大自体"。

这种质朴又骄傲的情感能让孩子的内心变得无比强大，他会对自己说："我的存在很有价值。""我做什么都能行。"阿德勒心理学里也有与此相通的部分。

阿德勒教育理念

一定要让孩子勇于尝试，享受挑战，无论是在什么领域或在做什么。

阿德勒反对家长那些空洞做作的表扬。但当孩子达成一项成就时，不论这项成就多么微不足道，家长都应该真诚地赞美。我们可

第 2 章
引爆自学力

以说:"你攻克这个难题喽!""不简单,佩服佩服!" 及时的表扬,能将家长的关注与肯定高效地传达给孩子。所以,当孩子第一次写出自己的名字,或学会了基础的加法时,父母就可以把欣喜和骄傲写在脸上:"太棒了,今天真是值得纪念的一天!"

在大人看来,或许孩子做到的许多事情都很简单。但对孩子而言,这些成就却是自己的人生向前迈进的一大步。**父母需要仔细观察孩子的一言一行,及时捕捉他们进步的瞬间,为孩子每一次小小的成长和进步喝彩呐喊。**孩子心中那个夸大自体便能被激活和强化,心中一直响彻一个声音:"我很优秀,接下来可以试试更难的事情了!"

当然,孩子不可能时刻都昂扬向上,永远被夸大自体鼓励着所向披靡。如果发现孩子意志消沉,或情绪烦躁,家长就别再强行励志,或给出新指令了。此时孩子更需要的是接纳和陪伴,一句温柔的"别怕,爸爸在呢"或"妈妈陪你一起"就足以舒缓孩子的低落或紧张了。

父母的鼓励里都是爱

"宝贝要不要自己读读看?"

当孩子还不识字时,提升他们的识字量是一个大挑战。对于他

"笨"小孩也能上名校

们来说，能够认字并能自主阅读，就已经是个非凡的成就了。积累识字量，慢慢实现自主阅读，就能促使孩子体验到自立的快乐，让他能从中得出结论："我很厉害，我什么都能自己做了。"

教幼儿识字，可以从认读他的名字开始。家长指着孩子的姓名，一次次地读给他听。孩子便能明白不同的汉字对应着不同的读音，渐渐培养起字与音的联结感。

当孩子认识自己的名字后，家长就可以开始陪他读儿童绘本。最初可以从平假名①绘本读起。父母先缓慢地朗读给孩子听，反复几遍后可鼓励孩子自己读，可以说："宝宝想不想自己读一读这个绘本啊？"当孩子卡壳时，父母需要从旁帮助再读一次。

在这种新手级别的阅读中，孩子可能还没有认全字，就先记住了故事。小朋友的记忆力非常了得，不用读几遍便能记住一个短小的故事。接下来，让孩子一边复述情节，一边在指读中识别文字，也不失为好的识字训练方法。

当孩子发现自己能独立读完一本绘本后，肯定就会对文字产生更大的兴趣，于是开始"博览群书"，挑战更多内容。有一天，他

---

① 假名是日语的注音标记，可以理解为给日语用的拼音。——译者注

第2章
引爆自学力

发现自己已经能认很多字了,自然就想尝试去书写。这就是孩子在循序渐进地完善自己的语言能力。

亲子共读的体验向孩子传递着父母的爱,让孩子在人生早期便能领悟阅读的愉悦,邂逅画面与文字的美妙。孩子眼中、耳中的故事情节会在幸福感的笼罩下,润物无声地渗入心中,温柔滋养着这个生气蓬勃的幼小灵魂。脑科学的相关研究证实,阅读体验的舒适与否,确实会影响知识的理解与吸收程度。

幼年时,如果亲子间有过愉快的共读体验,那么将来,孩子就更能接受父母在学业上的辅导,且能更加笃定地相信"自己被父母深爱着"。**这种早期建立起来的互信与依恋,对未来的亲子关系有着极其深远的影响。**幼年时,孩子在父母的爱与鼓励下学习过新知识、新本领,那么他在将来就更能相信:"爸爸妈妈要求我好好学习,是真的为了我好。"

阅读滋养灵魂

> "妈妈也想知道这本书讲了什么,能说给妈妈听听吗?"

我在工作中接触过很多专家、学者。但我常对他们的水平抱有

"笨"小孩也能上名校

疑虑，心中暗想："这个人是真的在认真研究吗？会不会只是个虚架子，徒有其名？"对此，我有一个独门秘籍，能验证这些学术名流真实的治学状态。那就是考察他们孩子的成绩与学历。

真正治学严谨的学者，一定是常年夜以继日地阅读研究，笔耕不辍。他们的孩子看到父母的亲身示范，也必然在耳濡目染中喜欢上学习和思考。这些人的孩子要么在升学考试上让大家感叹"虎父也出犬子"，要么就是在一贯制的学校里一路直升。

当然，这只是我剑走偏锋的方法，谈不上多可靠。但除了少数特例，一般说来，父母的学习习惯和态度与孩子的学历的确有正相关的关系。

理解了这个规律，我们就不难得出结论：**要想让孩子爱上学习，父母首先要爱上学习，做好表率。**

如果父母一有时间就看电视，只是时不时地对孩子吼两句"快去学习"，这样做是没有任何号召力的。只有当家长沉浸在书籍里，享受并展示阅读的快乐时，孩子才会想去阅读。父母偶尔也可在家工作，让孩子看看大人为社会创造价值时的模样。这同样有利于激发孩子的学习欲望与激情。

第 2 章
引爆自学力

我总感觉，世上有三分之二的父母似乎是不怎么读书的。希望这都只是我的杞人忧天，但搞不好事实还真就已经悲哀至此了。

但其实困境也会孕育机遇。在这个大家都亲近电子屏幕，却远离纸张与墨香的时代，你如果想让孩子赢在起跑线上，那就太容易了——坚持阅读即可。看看大家现在这种阅读行为越来越少的趋势，你家孩子的胜算可能还会持续扩大。

孩子总是会效仿父母的行为，倘若看到父母徜徉书海，自己可能也会跃跃欲试想亲自一读。一旦发现孩子对书籍产生了兴趣，父母就可以积极地为他们推荐书目。很多父母希望孩子多读寓言或小说，但在择书上，孩子自己的喜好和品味才是最重要的。我们尊重孩子的选择即可，他要读图鉴或漫画都没问题。

孩子进入高年级后，家长可以把大人读的书也借给他读。但还是那句老话，万万不可勉强，不能强行指定书目。家长也可以四处打听打听，问问周遭朋友哪些书比较适合孩子去读。

另外，还有一个方法能进一步提升孩子的语言能力与阅读效果，那就是请孩子复述书的内容。孩子知道回头要跟他人分享书里的故事或知识，那么读起来一定会格外认真。而且，复述的过程也是一个练习总结与表达的好机会。

有功就有奖，进步可以和奖励挂钩

> "成绩进步时，妈妈一定买给你！"

阿德勒反对溺爱孩子。

当孩子什么都没做时，父母的强行表扬就是一种精神溺爱。 这并不能让孩子领悟"一分耕耘一分收获"的道理。

在物质上无条件地满足孩子的要求也是同理。孩子不需要付出任何努力，就能得到一切想要的东西，是一种价值观陷阱。他会习惯于让这个世界围着自己转，并认为予取予求就是天理。

这样的孩子长大后，当然会被社会当头棒喝。他无法与同事们分工协作，一起推动工作取得进展。他可能贪婪又脆弱，最后也许会不停地跳槽，或干脆放弃打拼回家"啃老"。前文中阿德勒说的"共同体感觉"，跟这个孩子是彻底无缘了。他缺乏团队合作精神，不会为他人考虑，长成了一个自私自利、自大的人。

第 2 章
引爆自学力

无条件的爱不等于无条件地买。当孩子提出"我就要那个！"或"妈妈给我买这个嘛！"的时候，我们要三思。家长完全可以说："成绩进步时，妈妈一定买给你！""宝贝每天都刷盘子了，所以今天妈妈可以奖励给你。"

将物质奖励与成绩、表现挂钩，至少就没有纵容和溺爱的意味了。

但这样做难道不会让孩子觉得，学习和家务都是为了家长，为了奖励吗？确实有很多人反对用物质去奖励孩子的进步，但我有不同意见。春有播，秋才能收，人类社会的运转逻辑本就如此直白。每个人根据自己的劳动来获取报酬是天经地义的。有理有据的物质奖励，可以让孩子提前了解并习惯这个规则，对未来有预演的意义。就像当我的女儿考出高分时，我从来都是大方奖励她们。

而且，家长可以通过物质奖励，为孩子营造一种被肯定和被欣赏的氛围，让他感到："爸爸妈妈非常认可我的努力"。此外，如果孩子能朝着可以获得奖励的目标去刷题背书，就像在游戏中为了登顶英雄榜而一路伏妖打怪一样，说不准连学习都能生出几分通关的乐趣，孩子也能多几分干劲。

当然，物质奖励也不是总是奏效，对有些孩子就不适用。

在我家，小女儿对物质奖励很是受用，但大女儿其实不太吃这一套。我家大女儿在学习方面的原动力不是来自物质，而是来自内心深处对知识和进步的渴望。

每个孩子都有自己的天性，父母要先观察孩子想要和不要的分别是什么，然后推测什么方法对他可能有用或没用。

多交友，少树敌

> "学习上要多帮助其他同学。"

常听人说，每逢大考，一分就能淘汰一操场的人。所以考试在很多人心中是一个血雨腥风的意象。家长们相信每个对手都不能放过，因为排名哪怕是再高一名，人生都可能大有不同。

一旦这样去理解考试，我们的判断和行为可能就会跑偏。极端情况下，孩子会变得自私、排外，与同学进行"你死我活"的争斗，甚至会陷害他人。似乎一切都是为了让自己的分数再高一点，把同学的分数再压低点。学习俨然成了人性与道义的考验，这让我不禁

第2章
引爆自学力

联想起芥川龙之介的短篇小说《蜘蛛丝》里的故事①。

但其实学风正的学校,学生成绩反而更好。同学们及时交流考试的相关信息,给对方解答问题,分享各自的笔记……只有这样大家才能在大考中共赢。

我的中学母校滩中学就是这样一所学校。

高中时,同学们都互通有无,彼此促进,大家无所保留,追求的是共同进步。当时我们想让母校夺得全日本东京大学录取人数的桂冠。为了这个目标,全体同学齐心协力,相互帮助,生怕学校输给其他对手。

人们常认为,考试高手应该都是"冷面杀手",杀伐决断间毫无人情味。但真正的考试高手其实大多是善于与他人打配合战的、极其有集体意识的孩子。

这些小学霸舒缓备考压力的方法,就是与朋友彼此帮助,互相鼓励。他们除了斩获高分,也收获了一群挚友。对于他们来说,在

---

① 这个故事讲一个地狱里的恶人攀附着蜘蛛丝想爬向天堂。途中,他正想阻止其他人尾随自己时,蛛丝断裂,所有人一起坠回地狱。——译者注

攻克难关的路上，有人能与自己分享体验、共担压力是一大幸事。大家的神经都能被舒缓一二，每个人的视野也都变得更加开阔。

与战友携手并进，在集体行动中取得成果，有助于孩子真正地打开格局，在能力和精神上实现全面的成长。阿德勒提倡的共同体感觉就蕴含着这种"人人为我，我为人人"的互助精神。只有每个人积极为他人创造价值，大家才能一起摆脱零和游戏的困局，社会的总体收益才能最大化。赠人玫瑰，手留余香。世道是公平的，好人必得好报。阿德勒坚信，一个好的社会，一定不会打压或牺牲任何一个人，"所有人一起幸福"才是真的大同。

要让考试成为孩子成长的助推器，而不是修罗场，父母的正确引导就必不可少。我们要让孩子学会尊重对手，享受竞争，但同时也要帮助伙伴，与他人携手前行。**竞争与协同，本就是人生的两面，孩子们不需要二选一。**

天道酬勤而不酬基因

"孩子别怕，爸妈学历再低也不会影响到你。"

阿德勒出身一个富裕家庭，他的父亲是一名谷物商人。关于阿

第 2 章
引爆自学力

德勒父母的知识水平和教育观念,我没找到太多记述,所以不太了解其中细节。

但有一件事情是肯定的,阿德勒曾被父亲厉声训斥,说如果再不好好读书,就别念中学了,干脆学门手艺当个工匠,能混口饭吃就行。对于阿德勒来说,如果连中学都念不了,大学就更是天方夜谭了。

在德国,普通中学和技术学校①是两条并行的中等教育路径。孩子们早早便要决定好,到底是进普通中学然后考大学,还是去技术学校走职业技工路线。

所幸,阿德勒通过努力学习,保住了自己考大学的选择权,进入了普通中学。他从自己身上得出结论,并反复告诫世人:**学习的能力不靠遗传而来,也不受基因左右**。我们不应该过度重视先天条件,或夸大遗传因素的作用。基因不可能完全没有影响,但就总体而言,我认为一个人的学习能力与基因的关系并不大,后天环境的影响才更为关键。

当我的女儿们小学毕业考中学时,身边同学的家长们当年大多

---

① 类似于我国的职业高中或中专学校。——译者注

"笨"小孩也能上名校

也参加过小升初考试①。父母蹚过这条河，当然清楚有哪些坑。因此家长们既能辅导孩子复习功课，又能分享应试技巧，还能及时获取并甄别各种补习班的信息。

这种传承并非写在基因里的一段遗传信息，在孩子呱呱坠地时便已万事俱备。而是父母在星移斗转中，通过语言和行动，传授给孩子的知识、方法和技巧。

遗传到底有多大的力量，这个话题我们暂且放一边。对于绝大多数父母来说，"不相信遗传"似乎总是对自己孩子更有利的一个策略。否则孩子时不时便会听到："你爸爸又不是东京大学的高才生，你能强到哪儿去呢？""咱们整个家族都没人考上过东京大学，咱没那个学习的基因啊！"试想，让孩子天天沉浸在这种负能量中，又有什么好处呢？

况且，一个人即使真从父母身上继承了很高的智商或天资，但如果他只是游手好闲，不思进取，最后肯定还是一事无成，白白浪费了这所谓的优良基因而已。我们一定要让孩子相信，**后天努力的作用大于先天遗传**。只要努力，成绩就会提高。

---

① 日本有很多一贯制学校，以及划片直升学校，所以有些家长可能并没亲身参加过小升初考试。——译者注

第 2 章
引爆自学力

吹牛要吹聪明的牛

> "爸爸的爷爷可是个大学霸！"

有一种念头是学习的"休止符"。此符一出，孩子所有的学习意愿和欲望都会土崩瓦解。这种念头就是："我脑子太笨了。"

为了给孩子们加油鼓劲，此处我可能要自相矛盾一下。前文说过，父母、先祖的学历与孩子的学习情况没太大关系，基因的影响是极其有限的。所以不要怕自己未生在书香世家，不要担心自己天生没有学习的基因。**但如果是为了给孩子提振信心，向他脑中植入"你能赢"的意识，我就鼓励大家大胆宣扬基因论了。**给先祖们立一下学霸人设也无妨，父母可以一本正经地吹个大牛："咱家祖上可是出过一个大人物的……""你可是出生在一个学霸大家族哦！""咱家代代都有读书读得特别好的人，你的基因差不了，绝对是个聪明孩子。"

第 1 章里介绍过我母亲对弟弟的鼓励方法，她当年的话术听起来就是像这样有些不着调。

小升初失利的弟弟，当时只能去念一所离家甚远的普通中学。但那所学校碰巧离奶奶家很近，所以弟弟常有机会去看望奶奶。巧

"笨"小孩也能上名校

的是，我们的奶奶也是个喜欢侃大山的老太太，所以没少在弟弟面前吹牛。奶奶总跟弟弟炫耀我们家族之前的荣华富贵，比如我家祖上曾有良田无数，要不是后来被没收充公，那我们肯定还是名门望族，过的也是钟鸣鼎食的生活……

其中真假已难辨，怕有一半都是母亲、奶奶对弟弟的期待和鼓励罢了。但她们朴素的教育方法竟然大获成功，把弟弟从小升初的败局中一把拉了出来，最后还让他逆袭考上了东京大学。如果孩子的双亲和四老都没有过人的学历，那我们就从旁系亲戚中挖掘一下，肯定找得到一两个了不起的人物。完全可以从这几个人身上沾沾光，坚定地告诉孩子："咱家基因就是好，读书绝对没问题！"

有时候，我们真的需要一些善意的谎言，否则如何在黑暗中劈出一道光？让孩子相信他就是天选之子，总好过告诉孩子"咱们全家都不行"。好歹先给孩子注入学习的斗志，让他多少敢去拼一拼。就算有一天孩子恍然大悟，当初的"天选之子"一说其实是父母吹的一个牛，他也一定会感激父母的良苦用心，而不会去恨这个充满爱的无奈谎言。

还有，家族里如果出过特别上不了台面的人（每家往往都会赶上一两个），那么父母的刻意回避，其实也是一片苦心。

第 3 章

不让坏情绪破坏学习的欲望

阿德勒心理学
给育儿的启示

只有当一个人坚信自己有价值时，他才可能变得勇猛顽强，无所畏惧。

勿与过往一般计较，
只和未来双向奔赴

　　学习的确是件苦差事，很多时候吃力也讨不着好。虽然孩子明明已经学到精疲力竭了，但分数还是一副波澜不惊、纹丝不动的模样，稳定在一个让父母五味杂陈的水平上。

　　我们总是持续性地期待孩子一飞冲天，又间歇性地为孩子撂的挑子、找的麻烦、耍的脾气怒到"心梗"、心碎、心死。

　　有时我们不得不劝自己退一步海阔天空，用视而不见解决问题，用佛性延长寿命。但一回头又发现，其实早已退无可退。

　　我们知道生气不好，明白一旦出口伤人就会两败俱伤，但时而又控制不住自己，还是会让那些叱责与发泄从嘴边倾泻而出。

　　不论是假装"躺平"，还是"苟延残喘"；是怒不可遏要用气势扭转乾坤，还是有理有据要罚得孩子心服口服，最后的结果往往都只是让孩子越来越讨厌学习。

　　我们都忘了，育儿本来的模样应该是**父母着眼未来，以目标为导向，引导孩子一起探索**："接下来怎么做，你才会更喜欢学习？"

　　阿德勒的建议是，父母首先要为孩子注入勇气。

　　注入勇气，就等于注入爱。

　　无须唠叨或指责孩子的学习态度，重要的是看到他在生活习惯和精神状态上的进步，并及时给予真诚的表扬。我们需要做孩子坚实的后盾，在不同的战场与舞台给他最大的支持呵护。玩耍和学习一个都不放过，要的是齐头并进，四面开花。

　　每个孩子都有天生的发光点与技能树，我们的任务是找到、点亮和成全它们。一切都是为了让孩子相信："我当然是个学习的好苗子！"

　　本章将介绍一些语言陷阱，如果父母不加注意就说出来，可能会让孩子更加厌恶学习。另外也有数例更为积极的话术供家长们参考。

第 3 章
不让坏情绪破坏学习的欲望

表扬好结果，批评坏行为

"看看你自己，这是学了个什么玩意儿？"

我还在念小学时，体育课上要学习一个叫作"翻转上杠"的单杠动作。当有同学完成不了时，我们的体育老师便会声色俱厉地责骂："有那么难吗？怎么就是做不到？"

孩子没掌握要领时，不会就是不会，骂一顿也不可能把他骂会。体育老师当年也凶过我，不过他非但没凶出我的知耻而后勇，反而还让运动在我心中变得面目可憎。

生活中父母不能用打击来教育孩子，学习方面更是如此。家长看到孩子分数惨淡的成绩单，一时怒气上头，便可能大骂出口："看看你自己,这是学了个什么玩意儿?"而这只能加重孩子的自卑感,让他对学习更加厌恶。

父母和老师的使命是让孩子知道"怎么做才能学得好"。

阿德勒教育理念

> 给孩子注入勇气,而不是指责他的不足。

关于教育孩子,我与京都大学名誉教授、教育心理学家子安增教授也有过交流。我们一致赞同要**"表扬好结果,批评坏行为"**。

只要孩子考了高分,就值得一番大力表扬。即使他好像没花多少时间学习,父母也要对这个结果给予肯定。

优秀的分数不可能从天而降。考得好,就意味着他一定探索出了最适合他的方法,悟到了更高效的解题思路。父母的认可能把成果升华为勇气,让孩子更相信自己的能力。于是孩子接下来一定更加努力,成绩也会持续进步。

不过,当孩子没发挥好时,也不能去指责他。分数不高已是事

第 3 章
不让坏情绪破坏学习的欲望

实,打骂他一顿也不能当场提高几分。

家长应当指责的是孩子的行为。分数低没关系,但他必须有所反省和行动。如果孩子依然优哉游哉,无所事事,那么这种"干什么都行,但就是不学习"的行为,就该被教训一番了。

教训也不单是骂他一顿而已。唤起他的反思,推动他去改正错误才是目的。所以,除了指出孩子的不足,家长还可以力所能及地给他建议,告诉他如何做就可能提升学习效率。

罚是罚不出效果的

> "下次你再偷懒不学习,就在家给我关禁闭!"

阿德勒不赞同用惩罚来让孩子"长记性",他说:"你去惩罚孩子,只会让他痛感大人的权威与强大、自己的无力与脆弱……惩罚,一定会给孩子带来失败感。"

阿德勒坚决反对惩罚式教育,对体罚更是严厉批判:"体罚没有意义,因为受罚的人只能从中学到社会的敌对与凶残。在他眼中,协同与团结是再也不可能了。"

"笨"小孩也能上名校

这里"受罚的人"就是指有过错的孩子。这句话的意思是，犯错的孩子不会因为被体罚，就有了改正和向善的意愿。体罚过后，下次他们该犯错时还是会再犯，于是同样的错误翻来覆去，没完没了。

父母常用的惩罚招数，比如在家关禁闭、没收游戏机、不许参加课外活动等等，都不可能奏效，实现不了让孩子痛则改之的效果。

阿德勒教育理念

只有当一个人坚信自己有价值时，他才可能变得勇猛笃定，无所畏惧。

惩罚一个孩子，就是在忽视和否定他的价值，于是也就等于在打压和剥夺他的勇气。不爱学习的孩子，只能在惩罚中愈加痛恨学习，且越来越顽固执拗。他怎么可能在怨恨中，还变得昂扬自信、一心向学呢？虽然难过之余，我们的确可能忍不住地想："孩子怎么就是要偷懒呢？到底是哪里不对劲？""我的教育方法是不是有问题？"

我们之前介绍过原因学说。父母对原因狠抓不放的结果就是苦苦纠缠于原因，然后陷入懊恼和不甘中脱不了身。

第 3 章
不让坏情绪破坏学习的欲望

但如果用目标学说来分析,情况可能就大不一样了。我们会发现,孩子偷懒贪玩或许就是在显摆他的能耐,为的正是吸引父母的关注,把大人气得火冒三丈。如果是这样,那还不如干脆不管他,让孩子明白这些行为没有用,大人不会在乎。

这种情况下,孩子想要的是父母的关注。一计不成,就会试试别的方法,接下来他也许会用学习或运动来吸引父母的注意力,那就皆大欢喜了。

对父母来说,"让孩子学会学习和享受学习"是根本目标。我们要尽可能地让学习变得不那么痛苦,让孩子的学习方法更有效果。

不要禁锢孩子的人际交往

"玩儿还能有学习重要?!"

阿德勒教育理念

让孩子封闭在自己一个人的世界,不与同龄人玩耍或交流,就是在剥夺他学习为人处世的机会。他可能因此寂

"笨"小孩也能上名校

寞一生，不知道人生还有别的可能，不知道自己本该拥有友情、羁绊和协助。

"

阿德勒重视孩子之间的交往与协作。通过一起玩耍，孩子能理解自己与他人的关系，并摸索出与他人相处的规则和方法。

父母如果太执着于孩子的成绩，要求孩子必须把每分每秒都用到学习中去，那么孩子必将远离他的小伙伴，失去孩提时代纯真无瑕的友谊。这种盲目而浮躁的勤奋是时间管理上的买椟还珠，其实弊大于利。

下次孩子再说："有朋友找我出去玩，我能去吗？"我们就尊重孩子本人的意愿，让他开心地去玩吧。

如果时间刚好与学习安排冲突，父母也可以跟孩子约定好："没关系，你先跟朋友玩。但回家后，你要第一时间去学习哦！"

但孩子如果是因为担心"不跟他们玩就要被孤立"，于是在焦虑或恐慌的心情中想出去玩，那么家长就要谨慎了，有时还是应该阻止。

第3章
不让坏情绪破坏学习的欲望

在学校，老师们确实教导学生要和所有人都好好相处。

能做到左右逢源当然不错。但现实世界里，每个人都有自己的性格与气场，这辈子谁都难免会遇到几个一言难尽的角色，一个人能忍得了周围所有人，不惹出大麻烦已实属不易，就别苦求跟每个人都友好相处了。

而且，真正的友情本就不该是一个人的单向讨好。一回两回因不方便而回绝了对方，但彼此依然不生嫌隙，还是亲密无间，才是真友情。

父母不需要向孩子渲染友情消退或被孤立的恐怖。从某种意义上讲，太会看人脸色并不是一件好事。孩子万一因此变得唯唯诺诺、患得患失，那才是捡了芝麻丢了西瓜。

我们通过日常聊天，去把握孩子的交友情况便已足够。

知己不在多，而在精，所以无须强求自己融入所有圈子。我们明白这才是交友最真实、最理想的状态，并应以此来引导孩子把握人际交往和学习的时间分配。

"笨"小孩也能上名校

越绝望，越不能给孩子贴标签

> "反正你就死活戒不掉游戏，我说得对吧！"

给孩子的行为贴标签，就是在折磨他的信心，消磨他的勇气。常见的标签有：

- 反正你就是学不好呗！
- 反正你就是想偷懒，对不对啊？
- 反正你就是戒不掉游戏，我说得对吧！
- 反正你就是考不好！

这些负面的标签，在阿德勒看来是一种"基本谬误"。标签真正想传达的还不只是字面上的意思，而是贴标签的人对自己孩子宣泄而出的"绝望"。

阿德勒教育理念

母亲对孩子感到绝望，这种感觉一旦传达到孩子身上，就能让孩子内心的勇气灰飞烟灭。

道理我们都懂。当父母因为孩子的所作所为，而去打压孩子的信心，抑制孩子的勇气时，将给孩子带来严重的

第 3 章
不让坏情绪破坏学习的欲望

影响。孩子会破罐子破摔，毫不犹豫地放弃一切期待，理直气壮地纵容自己的消沉或叛逆。当孩子彻底绝望，连最后一丝生机与理想都丧失之后，他的心就成了一个坟墓，他的"共同体感觉"也随之尽数陪葬。
"

父母对孩子感到绝望，在孩子眼里，就等于自己被父母放弃、抛弃了。未来也就变成了一团暗雾，一个绝境，留不住任何希望。

对孩子来说，比绝望更痛苦的是，父母连发泄和辱骂都没有了，给自己的只是冰冷的"无视"。人最大的痛苦就是，自己在乎的人并不在乎自己。与其被无视和抛弃，还不如当面被骂两句。

绝望的情绪，常常让我们无视他人。极度的冷漠与疏离是绝望的另一种表现，父母一定要注意这一点。不论我们想向孩子表达什么意思，都一定要让孩子感觉到"我的父母是爱我的"。当孩子坚信"爸爸妈妈关心我，喜欢我"时，他才会去认真倾听并遵从父母说的话。

爱的表达并不是一门玄学，不需要太大的阵仗或刻意的经营。日常生活中，在大家都感到舒服和自然的前提下，父母通过点点滴滴的细致关怀与温柔关注，让孩子感到父母的爱就在身边即可。哪怕只是给孩子做一道他喜欢吃的菜，你倾注于其中的心血与时间，都是爱的完美体现。

事无巨细地追求完美是种折磨

> "小心，注意！可不能这么写字，再这么写就完了！"

当孩子不能做好一件事情时，父母对问题本身的埋怨与指责，都是解决不了问题的。阿德勒曾经以公开咨询的形式接待过一个家庭。他们的孩子已经12岁了，却还在尿床。咨询中，阿德勒如是说："家长现在要做的是给孩子注入勇气。如果只纠缠于尿床本身，那你们怎么叮嘱和讨论都没用。"

阿德勒的观点是：孩子尿床这个问题，不是父母说点什么就能解决的。父母说再多，对孩子也没有帮助。尿床是一种泌尿系统的问题，它跟孩子其他方面的能力没有关系。

就像很多患有阿尔茨海默病的老人都会被贴上"失禁的老人真笨，没用了哎！"的标签。失禁不是阿尔茨海默病专属的问题，而且很多失禁的阿尔茨海默病患者在别的方面都很正常，属于阿尔茨海默病的轻症患者。因此，即使孩子字写得不漂亮，家长也不能过

第 3 章
不让坏情绪破坏学习的欲望

于焦虑地全盘否定孩子的学习能力,更不能气急败坏地说他连品性都有问题。

很多家长一旦发现孩子有什么问题,就容易变得片面又极端。似乎他们满眼就只能看到这个问题了,这个问题就能代表孩子的一切了。于是父母不关心孩子的特点了,也顾不上发掘孩子还有什么其他擅长做的事情了。

我们不要见风就是雨,一叶障目便不见泰山。既然写字不是孩子能做得好的事,那么它就不重要。**重要的是,找到孩子当下能做得好的事,然后激励他在这件事情上获得成功。**比如:"这次儿子的算术考得真棒啊!"再比如:"这段时间你都能早睡早起,这可不容易!"

父母要先下大力气夸奖孩子做得好的地方,然后再给写字这件事情也注入勇气:"最近写字有进步,比之前工整些了。"或者说:"今天这些字写得真好看!"

不着急,循序渐进才是正解。让我们用一个个阶段性的小目标,去接近最终的完美。

"笨"小孩也能上名校

被爱养大的孩子有多幸福

> "算术你应该没问题的啊，怎么考成这个样子？"

有时候，孩子会在自己擅长的科目上栽跟头，而没考好便开始讨厌这个科目。对此，父母应该说什么呢？也许你会说："算术你一直就学得很好，别怕啊！"或者说："再加把劲，没问题的。"

有的孩子稍加鼓励便能找回自信，但有的孩子可能就一蹶不振。后者的父母难免焦躁，一不小心还可能责骂孩子。自信的重塑本就是个艰难的过程，父母一旦骂出口，想要再挽回孩子的信心就太难了。

阿德勒教育理念

> 只有当我感到自己有价值时，我才可能充满勇气。

我们可以用孩子学习的例子来阐释这句话。当一个孩子讨厌学习时，并不是单纯地在反感学习带给他的困难和痛苦，而是在讨厌他自己。他从学习上看不到自己的价值，甚至由此发散开去，渐渐地认为自己在任何方面都没有价值。

第3章
不让坏情绪破坏学习的欲望

其实父母的判断是对的,孩子一直就擅长算术,那么偶尔一两次的失利就不是问题,孩子依然有解题的能力。但孩子自己对算术绝望了,他决意放弃,并给自己找了个冠冕堂皇的理由:"我就是个没有价值的人嘛!我没用,我怎么做都做不好的。"

此时,父母最需要做的就是让孩子找回他的价值,也就是阿德勒心理学建议的"给孩子注入勇气"。

孩子心中舍我其谁的自信从何而来?怎么才能让他觉得"我是有价值的""我能行"?其实,答案很简单,自信当然是从父母的爱中而来。**被爱的体验能消除孩子的自我怀疑,让他坚信自己的价值,内心被勇气和自信填满。**

精神分析学界普遍认为:"被爱养大的孩子,有更高的理想,**更大的抱负。**"

当孩子感到"爸爸妈妈很爱我""父母非常在乎我"时,他就有保护和回馈父母的强大意愿,不愿意再做伤害父母的事情,不想让父母难堪或失望,并且会努力创造价值,让父母感到欣慰和幸福。

总之,自信对孩子来说太重要了,不仅能让他们学得更好,成长得更健康,变得更出色,将来还能让他们在这个社会更好地生存。

"笨"小孩也能上名校

小时了了，大未必佳

> "学习上再给我使把劲啊！"

根据 2021 年日本文部科学省①全国学业能力测试的排名，小学阶段成绩最好的是石川县②，紧随其后的是秋田县、东京市、京都市。

各地方政府推行了很多政策，旨在改善小学生的学习效果。如秋田县就有"小班教学推进行动""学习实况调查"等政策，媒体对此通常多有好评。

很多地方政府在小学阶段的教育是很出色的。但若考察这些院校在东京大学录取率、大学的总体录取率等指标上的表现，我们就会发现其排名非常靠后。这个结果说明，小学学习好，高考却不一定考得好。怎么理解这个矛盾现象呢？

各个县在小学阶段的教育投入有很大的差距，因此学生在学业能力测试上的表现也有所不同。对小学教育非常重视的县，其学生

---

① 可以理解为日本的教育部。——译者注
② 日本的县相当于我国的省。——译者注

第 3 章
不让坏情绪破坏学习的欲望

的分数就会更高。

不过,这里面有个很大的思维陷阱。

我们不要以为教育投入更高就一定意味着有更科学、更有效的教育管理措施。很多在学业能力测试上名列前茅的县都用了"填鸭式"的教学方法,强行把成绩差的孩子逼成刷题机器,揠苗助长地提高分数。

这种方法短期有效,但长期看来无异于竭泽而渔,总体而言是弊大于利的。他们采取的题海战术非常低效,孩子完全就是囫囵吞枣、不求甚解,咬牙切齿地硬抗着熬过来。一旦有一天题目变难了,内容变深了,他们咬牙硬挺也招架不住了,就只能举手投降。如果父母一意孤行地逼孩子学习,天天挂在嘴边的就是"给我学习去!",其实就与某些地方政府的填鸭策略异曲同工了,都是在透支孩子的勇气和毅力而已。**孩子如果只能靠意志力(甚至是求生欲)去学习,迟早会遇到瓶颈的。**

秋田县有所高中,请了知名补习学校来帮助同学们提升学习能力。结果他们的东京大学录取率就有了大幅的提高。这就说明,靠意志力去拼命刷题是没多大用的,真正关键的是掌握有效的学习方法和技巧。

学习实苦，但如何在苦中取得成果，甚至还能苦中作乐就是一门技术了，也是学习的一种意义。

开动脑筋找到突破口，攻克一个个难题，这种成功的体验不断积累下去，对孩子将来在职场上的成功也会有极大的助推作用。能解决难题的人一定是人才，朋友、同事、公司、组织都需要并感激他们。对于人才来说，他们获得成功的事业与顺遂的人生是理所应当的。所以父母不要再逼孩子傻傻地做题耗时间了，帮助孩子找到正确的学习方法，提高学习的效率，才更重要。

我与筷子的恩怨

"你就是不行，永远都不行！"

有些话父母可能张口就来，但在说话的这数秒钟里，孩子的勇气就可能枯竭了好几分。这些话可能是："你真不是干××的料。"也可能是："要等到什么时候你才学得会？"

有些父母常常抓错重点，只盯着孩子的错误和弱点不放。他们的指责和讽刺，对孩子没有任何好处。对那些原本就有自信的孩子来说，内心的防线尚且牢固。为了与父母给的负能量对抗，他们说

第3章
不让坏情绪破坏学习的欲望

不准还会发奋图强一番。但是对于已经丧失自信的孩子而言，这些话简直如一把把利剑插入了他们垂死的内心。别说激励孩子触底反弹了，没把孩子的信心彻底击碎就算幸运了。

我自己有个毛病，就是总也握不好筷子。曾经我在韩国演讲期间，被当地的一位学术名流批评过："和田教授握筷子的手势真是难看啊。"人家确实没说错，我着实无法反驳，也无处安放自己的尴尬……

其实我很早就与握筷子这件事结下梁子了。记忆中父母常为此训斥我，那些话我至今仍记忆犹新："筷子都握不正，你怎么回事啊？""谁教你把筷子拿成这个样子的？"

孩子的问题不能靠责骂来解决。现在回想起来，正是父母的过度责骂让我怎么也改不过来错误的握筷子手势。他们骂得越凶，我改起来就越难。

孩子本来已经做不好一件事情了，如果还时不时被父母耳提面命着提醒"这事你就是不行"，那么这件事情就可能成为孩子一生的心结。所以，我们在**跟孩子聊他的弱势项目时，一定要捎带着他的优势项目一起说**，甚至把话题更多地带向优势项目："跳舞咱确实不太行，但学习上你比谁都强啊。""你们体育课上学的那个'翻

"笨"小孩也能上名校

转上杠'的单杠动作其实没什么意思，长大后进入社会了谁还要你做这个？所以你要是翻转上杠时，死活也翻不上去，那就算了呗！学习可比这些动作重要多了，咱在学习上加油就好。"

我再振臂高呼一次：让孩子找到他的优势项目，让他体验"我能行！"的感觉，很可能就是攻克一切问题和自卑感的最佳方法。

尊重孩子的学习成果

> "你不就是成绩好吗？有什么了不起？"

在我的学生时代，"高分低能"的概念很流行，有些人把这个概念形容得有鼻子有眼："只会读书的人脑子都读傻了，肯定有什么毛病。"所以那时的大人们常对孩子说："别只顾着学习，运动也要跟上！""别盯着教科书，把脑子都学傻了。为人处世也要下功夫。"

我上高中时，还发生过一个广为人知的"大事件"。东京当时正在举行高中棒球比赛的地区选拔赛，一所叫作麻布高中的学校也参赛了。该校学生也去了比赛现场，给本校球队加油助威。但不料己方队员出师不利，一路落败，被对手打得七零八落。观战的麻布

第3章
不让坏情绪破坏学习的欲望

高中同学们,尤其是那些成绩好的学生,于是喊出了一个令人哭笑不得的加油号子:"惨败不可怕,擦干眼泪,我们东大再见!"

这句听上去很是嚣张狂妄的话,在家长心中可是一石激起了千层浪。很多大人提起这件事来就是一脸不屑。社会上竟然还掀起了一股鄙视麻布高中的风潮。他们的学生走在路上时,都要被其他家长指指点点:"成绩再好也没用,人品和格局不行啊!我孩子可千万别变成这个样子。"

我当时还在滩中学高中部读书。在我这样的"后进生"看来,考上东大并非易事,那些参加比赛的成绩不算太好的学生受到的羞辱和刺激也可想而知。这句加油号子得是多厉害的学生才有胆子说得出口啊?但其实麻布高中每年的应届毕业生中也只有1/10能考上东京大学。"擦干眼泪,我们东大再见"在那些麻布高中里学习好的学生口中,可能也就是一句自嘲的玩笑而已,不可能真是在炫耀自己,辱没他人。

当然,从教养的角度来看,这句号子的确有失分寸。即使是句自嘲,孩子们也确实对其他群体有刺激和冒犯的嫌疑。但话又说回来,仅仅因为一句话,就被群起而攻之,潜藏在社会上的不公与疯狂也让我后背发凉。再想到,现今社交媒体可谓是声势浩大,"网暴"围攻事件接二连三出现,"人肉"现象此起彼伏,我心中的忧虑不免又重了几分。

虽然阿德勒一直强调，人应该有一个长处，一项属于自己的优势。但他绝不是说只要成绩好，人品再差也无所谓。

既然现阶段的首要目标就是让孩子找到正确的学习方法，提高成绩，那么父母就要把"学习最重要"的理念灌输给孩子。在为人处世、人品格局等其他方面，成人不用过于焦虑。随着孩子年龄渐长，逐渐走入社会中，他迟早也会明白其中的利害与轻重。不管怎样，只要孩子在学习上有进步，我们就要大力表扬，鼓励他再创佳绩。

志存高远总不会错

"孩子，你随便在家附近考个大学就行了。"

佐藤亮子女士的三个儿子和一个女儿都考进了东京大学，她本人也因此声名鹊起。我碰巧有机会与她交流过。我们在讨论育儿和备考时，不知怎的，突然聊起了"父母对孩子的过度保护"这个话题。

第 3 章
不让坏情绪破坏学习的欲望

佐藤亮子说:"孩子备考时谈恋爱,就是浪费时间。"于是,我再一次目睹了一石激起千层浪的壮观景象。对这句话的批判如潮水般从四面汹涌而来,人们纷纷指责佐藤亮子对孩子的管教太严厉了,这是一种"过度的保护"。

其实,有些父母生怕孩子在挫折中吃苦受伤,不敢让孩子拼尽全力去努力学习,不忍心让孩子去直面残酷的考试和竞争。在我眼中,这种父母才是在"过度地保护"孩子。他们常对孩子说:"你不用活得那么累啊,学习上差不多就行了。"或者说:"随便在家附近考个大学,然后留在家乡工作,也挺好的啊!"这些话听上去很尊重孩子,但其实是在打压孩子的竞争欲与求胜心。

阿德勒教育理念

> 家长不要总跟孩子警示危险或表达担忧,不要时时告诫孩子一个人外出很危险、一个人做事很困难等等。这些警告会让孩子渐渐对人生产生恐惧,认为世间所有的事情就该是艰难的、不可能的。家长说得多了,孩子就可能变得懦弱、焦虑,甚至陷入心理恐慌中。

孩子都是很敏锐的,他们总能快速地捕捉并吸收父母传递来的焦躁与无力感。

我自己就犯过这种错误，我曾对一个学生说："你要是连东京大学都考不上，那我可接受不了啊！"结果对方根本不领情，只甩过来一个"你懂什么？"的厌烦眼神。

我这种妄图"置之死地而后生"的鼓励方法果然没把力用到点子上，本想抖个机灵，结果却触了人家的逆鳞。不论我的出发点是什么，一旦让孩子心生畏惧或逆反，甚至不敢去考试了，那结果当然就只能是考不上了。

不是每个人都能考上东京大学的，但这个也不重要。相反，在考场上哪怕能多做出一道题来，孩子都会感到："我变强了！"这种成功的体验才是最重要的。

所以家长们平时也要学会放松神经，不用太焦虑。不论何时何地，我们都以平常心去面对挑战就好。孩子自然也会有样学样，以从容的心态去迎接一切。

请家长们至少不要在高考前，就给孩子渲染悲观情绪："你这个样子不行的，怎么可能考得上东京大学？趁早放弃吧。"

第3章
不让坏情绪破坏学习的欲望

孩子和我们是平等的

> "先别管了，等你长大了才会明白。"

孩子看到大人在聊天，就会想加入；发现好玩的事情，不管自己能力够不够，也总想亲自去做一下。遇到孩子跃跃欲试时，家长们的第一反应通常是什么呢？

因为大人见多识广、经验丰富，所以一眼就能看出此刻的话题不是孩子能理解的，以及孩子想去做的事情不是他做得到的。于是孩子常常得到如下的回应："你还小，先别管了，等你长大了就会明白。""将来你会懂的，现在就先别问了。"

而在阿德勒眼里，大人和小孩都是平等的，且所有人之间也都应该是平等的。

阿德勒教育理念

孩子提问后，你不要对他说："等你长大了就会明白。"这种口气就是在向孩子宣称，大人的地位高于孩子。孩子从此不会再发问，渐渐变得迟钝愚笨。

"笨"小孩也能上名校

比知识和经验的多寡，父母当然比孩子强。但这只能说明父母比孩子先来到这个世界，双方发展认知的时间起点有先后而已。从人格和地位的角度上讲，大家依然是平等的。

父母用"你不懂，我才懂"的态度去回应孩子的提问，就是在灌输"大人更优越"的理念。这给孩子带来的是失落和挫败，让他从此对新鲜事物失去好奇。

如果孩子对大人聊天的内容感兴趣，我们不用支开他，尽量用浅显易懂的话语，帮孩子在合理的范围内去理解就好。孩子要用一腔孤勇去尝试做什么时，我们也应该在保证安全的前提下尽量支持。

不论我们如何解释，总有很多东西是孩子现阶段确实无法理解的。那也没关系，我们依然从平等的视角出发，用鼓励的态度引导他保持希望和热情。比如可以说："爸爸像你这么大时也搞不懂这件事。但它其实并不难，只要再过一段时间，就一定搞得懂的。你现在无法理解，也完全不用担心。"

时刻谨记，孩子和我们是平等的。

第3章
不让坏情绪破坏学习的欲望

事在人为，不必设限

> "这件事成不了，太难了。"

否定孩子或给孩子设限没有好处，父母不要常常对孩子说"你不行""没戏的""打住吧"。

但如果是出于安全考虑，或受经济实力所限，那么制止孩子当然就是正确且必要的了。比如严禁孩子私自去危险的河流中游泳、冲动地购买过于昂贵的自行车等。日常生活中，只要没有这些隐患，我们完全可以不给孩子设限，鼓励他去挑战一切新鲜事物。

阿德勒曾经在算术上吃过不少苦头，身边人都认定算术就是他的弱项。有一天，他却突然解出了一道非常难的题目。从此，他对算术的态度发生了翻天覆地的变化，结果算术变成了他最有优势的科目之一。

当年的老师和父亲都忽略了阿德勒的才华，谁都没有期待过他能在学业上取得如此之大的成就。阿德勒不假外力，自己就能挖掘、唤醒并成就自己，实属极少数幸运儿。

孩子的潜力是无穷的，不要给他们设限或泼冷水。不论是学习

还是运动，放手鼓励孩子去尝试，一定不会错。

如果一个会游泳的孩子想试试跳跃着一头扎进泳池，他心中想的一定是："怕是怕，但我真的想试试。"那么我们就鼓励他去跳一次，毕竟千金难买"想试试"。对于孩子来说，一个个"我真行！""我脑子真聪明！"的念头就是自信的源泉。

当孩子想挑战什么时，我们可以鼓励他说："很多事情做过就会知道，其实你是可以的。"或："别怕，想试就试试呗！"但有时候孩子还是克服不了恐惧，空有一腔兴致，迟迟不敢出手。所以我们还是要先从简单的事情开始让他去尝试，再不断地加大难度，循序渐进地让孩子积累"我能行"的成功体验。

一次次成功的尝试会给予孩子强大的自信，令他相信所有事情都有成功的可能，万事皆在人为。父母只需要再稍稍助推一下就好，比如说："那我相信，你的算术还能再进步一些。""保持这个势头，东京大学都有可能！"

但也不要让孩子误以为："我很行，所以不需要努力了。"这种妄自尊大的想法会让孩子的成长与进步戛然而止。我们要让孩子知道，努力才是保持成功的先决条件。**反复强调努力的意义，孩子才能持续性地充满斗志与希望。**

第3章
不让坏情绪破坏学习的欲望

针尖对麦芒可能激化矛盾

> "你这种想法就是错的!"

"你们凭什么老让我学习啊?看看某某明星,中学毕业就出道,现在不也混得风生水起吗?"

面对家长的督促,孩子如果这样回怼,家长应该怎么回应呢?孩子极度抗拒学习时,可能会用极端的案例来开脱,为自己的懒散懈怠找借口。如果孩子反复纠缠,家长就很容易被带到坑里去,于是忍不住吼道:"别跟我胡扯,赶紧去学习!""你就是个孩子,你懂什么?!""反正你这种想法就是错的!"

大人发一通脾气,把孩子训斥一顿,然而问题还是没解决。

阿德勒认为,父母没必要跟孩子做口舌之争,不需要看谁吵架的气势更足。而且,家长越是气势汹汹、咄咄逼人,孩子越是反感。

遇到孩子钻牛角尖或刻意挑衅,家长只需冷静客观地讲述事实,让孩子理解现实生活到底是怎么样的就好。

"笨"小孩也能上名校

家长可以回答:"的确,有些大明星只是中学毕业。但他们的成功可以说是幸运中的幸运,特例中的特例。在一线明星中,只有中学学历的人难道很多吗?他们能占到总人数的几成呢?"

还可以回答:"对学历低的人,我并没有看不起,也不能看不起。那些只有中学学历还非常成功的人,一定是付出了超出常人的心血与努力,他们的成功更加来之不易。所以,如果你真的要当这种特例中的特例,那就等于选择了一条更慢更难更辛苦的赛道,还要比别人跑得更快才行——那不是比学习还痛苦吗?"

或者说:"在大人的世界里,真混得风生水起的人大多还是在努力学习的。假设你是个销售,客户请你介绍某款商品时,你只会说:'不好意思,我也没好好研究过,不太懂。'结果会怎样?会有人从你这里买东西吗?假设你的老板问你:'这个问题是怎么回事?帮我解释一下吧。'你不可能回回都拿'我也不了解具体情况'去搪塞吧?没有学习能力的人,就不可能持续地扩充他的知识库,提升他的能力。所以他的工作肯定干得一塌糊涂。"

我们要控制住怒火,不要跟孩子纠缠于特例或细节,更不要一着急就大骂出口。保持冷静,整理好思路,组织好语言,道理在我们这里,说出来就好。

第 4 章

会主动思考才能主动学习

阿德勒心理学
给育儿的启示

每个人都应该坚持自己的信念，找到一条属于自己的道路，然后用自己的方式朝着自己的目标走下去。

让孩子从被孤立的
恐慌中解脱出来

因惧怕被孤立可能会有的反应：
- 枪打出头鸟，我千万不能太出格。
- 我好怕自己被其他人孤立。
- 我一定要好好分辨场合和气氛，不多说一句，不错讲一句。我要像大人一样处理好人际关系。

日本人自古就极度恐惧被人孤立。从大人到小孩，每个人都谨小慎微，唯恐被人抓到一个不是。这股态势在当下毫无减退的迹象，还有愈演愈烈之势。社交媒体更是在其中"兴风作浪"，甚至还入侵了孩子们的世界，让联结和孤立瞬息万变。

但**真正更害怕孩子被孤立的人，不是孩子自己，而是他们的父母**。父母总担心孩子一旦被朋友孤立，就再难融入，而父母的恐慌一定会被孩子敏锐地捕捉到，让孩子也变得惶恐不安，畏手畏尾。

孩子学会了压抑自己，处处追随大流。那他将来走入社会后又会怎样呢？

他在职场中听到下文列举的要求，会如何反应呢？例如："我们需要一个划时代的新产品！""你还有更好的方案吗？""针对这项工作，我希望你能找到一个新的角度，重新分析一下再汇报给我吧。"

他多半会反应迟钝，创意平平，很难让客户、上司、同事们眼前一亮。

要在激烈的社会竞争中脱颖而出，我们的孩子必须学会去独立思考和表达。

本章我们将一起探索如何让孩子从被孤立的恐慌中解脱出来，并让他形成独立思考的习惯。同时我们还要去了解，在此过程中父母应该怎么说、怎么做，给予孩子哪些支持。

第4章
会主动思考才能主动学习

语言表达要有理，更要有据

"你为什么想买手机呢？给妈妈讲讲你的理由好吗？"

"大家都有××，在做××，所以我也要嘛。"

我们常会听到孩子用这种话术来提要求。他们总是希望能融入小伙伴的圈子，行动和步调都要与周围朋友保持一致。

孩子会认为大家都有手机，唯独自己还没有，就可能被大家疏远，且只有自己会被疏远。

因此，当孩子说"大家都有××，在做××"时，他就拿出了一个极有威慑力的理由（特别是对妈妈来说）。很多时候，我们

"笨"小孩也能上名校

对孩子的满足是一种精神赎金、一种将孤立防患于未然的保护方式。但是，父母如果总是向孩子展示如何迎合他人，那么孩子自然就会依葫芦画瓢，自觉地去讨好他人。

事实上，我们更应该提醒孩子去反思他和朋友们的关系，问问他："你真的时时刻刻都需要和朋友保持联系吗？"

可以让孩子思考一下："一个手机就能让他们疏远你，那你们之间算得上是真正的友情吗？""如果'大家都有'就是购买手机的全部理由，那也太肤浅了。你自己的思考在哪里呢？不要为了'大家都有'而去买一个东西，要为了'我需要它'才买。妈妈真正想知道的是，你自己为什么认为手机是应该买的？"

阿德勒认为，即使孩子还小，家长也不可以把他当成不懂事的小宝宝来对待。**面对年幼的孩子，我们也应当给他表达意见的权利，鼓励他有理有据地为自己的需求辩护。**

其实手机本来就有很多作用，比如便于孩子跟父母或补习学校联络等。一定程度上讲，防止被孤立确实也是手机的一个附属"功能"。但买手机绝不能只是因为担心孩子被孤立。

被孤立没那么可怕，更应担心的是孩子丧失独立思考的能力。

第 4 章
会主动思考才能主动学习

我们要引导孩子保留自己的意见，做决定时要有自己的判断及理由。

即使被孤立，也不是世界末日

> "和他处不好就算了，别怕没朋友。"

阿德勒推崇的"共同体感觉"，不是要求人们无条件地与周围环境融为一体，满足身边所有人的期待和要求。共同体感觉更强调：**"我们与他人隶属于同一个群体，一起分享着同一个集体的身份。"**

孩子感到自己是属于一个集体的，这种笃定的存在感反而能让他获得自信和自由，而不是非得处处削足适履。真正有归属感的人是从容又自信的，孩子应该明白："我不需要时时回复聊天软件，跟大家也依然会是好朋友。""他在社交媒体上把我拉黑了？没关系，我跟其他人的关系又不受影响。"

孩子确实可能面临人际关系问题带来的恐慌，但这种恐慌先打倒的往往是父母，而不是孩子。所以父母需要舒缓的不是孩子的神经，而是自己的。

"笨"小孩也能上名校

现在有不少家长提起孩子被孤立就色变,稍有风吹草动,一颗心就揪了起来,动不动就阵脚大乱,向学校或对方家长抱怨、投诉,引众人侧目。

其实这种一点就着的脾气与"誓把危机苗头掐灭在第一时刻"的敏感同是一种脆弱,是对人际关系缺乏灵活性和抗压力的表现。

父母对所谓的被孤立表现得越在乎、越焦虑,带给孩子的负面影响就越大。这会让孩子看到父母的失落与焦躁,进而把一切归因于自己的"无能"和"不幸"。

引发的后果是,孩子断绝了与父母沟通的意愿,再遇到同样的事情便不开口了。因为再也不想让父母为自己如此担惊受怕了。

父母的恐慌一定会传染给孩子,所以我们自己要放松情绪,别把被孤立这件事想得太过严重。更重要的是,要把这种放松的情绪、不恐慌的态度通过日常沟通传达给孩子。

即使有一天,你真的发现孩子好像被集体孤立,或被某个朋友疏远了,也不用惊慌失措。我们要做的就是去相信孩子的判断和能力。家长可以鼓励孩子:"有人不喜欢你是件非常正常的事,没什么好怕的。原本就没必要追求让所有人都喜欢!"父母不用非去解

第 4 章
会主动思考才能主动学习

决眼前这所谓的"被孤立"的问题。我们**给孩子塑造强大的内心世界，给予他自信更为重要**。

没想法的孩子与有想法的孩子差在哪里

> "有想说的话，就一定要好好说出来。"

学校里可能会有"班霸"或"小团伙"的存在。这些学生横行霸道，霸凌和孤立其他同学。但班霸和团伙成员拉帮结派、沆瀣一气，也刚好证明了他们自己的共同体感觉的缺乏。因为他们缺乏共同体感觉，所以才会去拉拢和孤立，去把同一个集体的人分出三六九等来。换个角度看，他们的内心也有严重的恐慌感，也同样惧怕被孤立，怕自己被其他人赶到"底层"去。

当一个人有共同体感觉时，他不仅对所谓的被孤立毫不畏惧，还能勇敢表达自己的意见。

不论遇到什么事情，心中有什么，就敢说什么。这就是"共同体感觉"带给人的自信与安全感。

然而，随心所欲地开口发言也不容易。

"笨"小孩也能上名校

我举个例子。当民间反对核电项目的呼声很高时,你要说一句"我也反对!"是不会感到有任何阻力的。毕竟你跟主流意见没有分歧,顺水推舟并不难。

但是,如果有人被曝出违规申请了救济金,大众由此而开始攻击整个救济制度,你又会怎么说呢?这种情况下,恐怕我们很难再理直气壮地说:"弱势群体仍然需要社会的帮助,救济制度本身仍有存在的必要。"

当我们的观点与主流意见相悖时,不知为何,心中的正义感便少了几分气势。

作为父母,我们其实是有责任引导孩子坚持自己的判断与价值观的。一个人心中的信仰与是非曲直,本就不应该为外界的牵引或打压而动摇。

但追随内心不代表目空一切,更不能羞辱或歧视他人。坚持自我和尊重他人之间的轻重拿捏,我们也要教给孩子:"我们有表达意见的自由,但没有伤害他人的权利。""己所不欲勿施于人,自己都觉得难听的话当然就不用说了。不过交流时也无须瞻前顾后或逼自己随大流,该说的话还是要说的。"

第 4 章
会主动思考才能主动学习

孩子是否明白这些沟通的原则,就是有想法和没想法的差别。所以父母可以常和孩子聊聊此类话题,多多探讨和教导。

孩子撒谎怎么办

> "你能告诉我真实的情况,很不错!"

一个人撒了谎,就需要用更多的谎言来圆谎。如此循环往复下去,他就在撒谎的旋涡中越陷越深。孩子一旦撒谎成性就可能覆水难收。所以父母一定要重视这个问题,不能姑息纵容。

撒谎的最终结果一定是自食其果。对于孩子来说,撒谎的最佳次数是零。我们需要让孩子相信:"撒谎有百害而无一利,说假话真的得不偿失。""不能和父母撒谎,瞒得住一时瞒不住一世。"

其实我们认真观察一下,就不难判断出孩子此刻有没有说实话。只要发现孩子在撒谎,就要立刻批评指正。如果孩子主动坦白事实,为撒谎道歉,那家长也要大力表扬。

我们都知道美国的第一任总统乔治·华盛顿与樱桃树的故事。华盛顿在年少时,曾把父亲心爱的樱桃树给砍了。但他最后鼓起勇气跟父亲坦白，这份坦诚受到了父亲的赞扬。

故事的真假暂且不说，但它向孩子们讲述了一个重要的道理——为人要正直。阿德勒对此十分赞同。

孩子可能跟父母谎称已经完成了作业，跑出家去疯玩。回家后，他免不了被父母询问一番。如果这个时候，孩子坦白道："对不起，我其实没做完作业。"父母千万不要瞬间爆发，指责他说："看看你这个样子，为什么要撒谎？！""你是不是一辈子也改不了撒谎的坏毛病？"

这些话语激荡凌厉，的确不容反驳。但它们却只能让孩子变得萎靡消沉，以后都不敢、也不愿再跟大人坦白什么了。孩子好不容易鼓起勇气直面错误，这是他在展示自己的坦诚与正直。没想到家长非但不认可，反而抓着撒谎的事情不放，接下来孩子恐怕会选择撒谎到底吧。

当撒谎的孩子认识到并坦白了自己的错误时，就是在改进。那我们就要给他改正的机会。撒谎的对错可稍后再讨论，家长首先要表扬孩子勇于承认错误的态度，告诉孩子他的认错行为是正直的。

第 4 章
会主动思考才能主动学习

然后家长需要公平公正地把道理讲到位："你能告诉我真实的情况，很不错！但撒谎这种事情绝对不能有下一次了，好吗？" **下不为例才是对待谎言的正确态度。**

创造价值就是塑造自信

> "谢谢你帮我做这件事。"

精神分析学上有一个概念叫作"投射"[①]。简单地说，一个人觉得自己没出息，就容易产生悲观的情绪。他心里有个声音在说："我没用，没人需要我。"或"我这种人，活着又有什么价值呢？"他的心魔把周围的人都视作了敌人，让他感到自己的人生是一潭死水，而且危机四伏。于是恐惧渐渐占据了他的心智。

当人看不到自己的价值时，容易把周围的人都当作假想敌。 孩子遭遇的很多人际危机，其实根源就在这里。

[①] 一个人将自身的判断和情绪等反映到他人身上，心理学家把这种行为称作"投射"。此处可通俗地理解为，以自己的心理去揣测他人的行为。把自己所不愿承认的冲动、欲望和思想强加于他人或周围事物上的潜意识倾向。——译者注

"笨"小孩也能上名校

当孩子感到自己能为他人解决问题或带去好处时，就能从中找到自己的价值。所以，为他人服务，有助于孩子为自己构建良好的人际关系。

我们要看到孩子为他人做出的每一份贡献，及时给予真诚的感谢与积极的评价。这里说的"贡献"，不是指多么亮眼的功绩或伟大的付出。孩子在班上跟同学们合作完成了一幅画、运动会上给骑马战项目当"马"①，都是在为他人做贡献。父母可以夸奖他："你是个特别努力的孩子，还为集体做出了贡献，真棒！"所有能让孩子感到"我很有价值"的小事，都是好事。

日常生活中，如果孩子能帮父母搭把手做些家务，也应该得到表扬，哪怕只是一句"谢谢你给我们帮忙"都很好。

虽然我家孩子对家务兴致寥寥，但有的小孩就非常喜欢模仿父母做家务，常常想自己亲手去做饭、洗衣服等。这是因为孩子们内心有一种"追求成长的欲望"。此时，如果大人回绝说："不用了，

---

① 骑马战是日本学生运动会的一个集体项目。一般由三名学生当"马"，排成三角形队伍。然后共同托举起第四名学生，即"骑手"。由此构成"马车"形态。每辆"马车"的任务是保持自身形态的稳定，然后去击倒或冲散其他"马车"。一定时间内幸存下来的"马车"，即获得胜利。——译者注

第 4 章
会主动思考才能主动学习

你来了也是越帮越乱。"那就可能打击了孩子对成长的追求。

孩子想做贡献,父母应该感到欣慰,并成全他。

如果孩子突发奇想,要帮助你做饭,但此时你更想他帮忙洗衣服,你就可以对孩子说:"这堆衣服必须得洗了。我需要帮助,要不先帮我洗衣服?"

在大人的世界里,供给和需求需要互相匹配才能形成买卖或雇佣关系。所以家长可以实事求是地让孩子知道,为他人做贡献虽然是一件好事,但也不能任由自己的喜好随便做。

当孩子感到自己有价值、被人需要时,就一定会努力上进、追求卓越。

语言表达在家就能练

> "你想买东西当然可以,但要先总结一下理由。"

随着孩子逐渐长大,语言表达能力将变得越来越重要。因为他们需要向他人清楚地展示自己的逻辑,论证自己的观点。

"笨"小孩也能上名校

大家也许会觉得这种能力无须刻意训练，自然而然就能学会。但事实并非如此。语言表达是一种练得越多，水平就越高的能力。

美国的小学课程中有一门"展示与说明"课。学生需要从家里带一件自己的宝贝到学校，宝贝可以是一个玩具或者其他任何自己喜欢的东西。然后学生需要向全班展示和说明这件宝贝，告诉大家"它在××方面特别厉害"或"我非常喜欢它，因为它有××"。

美国人似乎都擅长演讲和公开演示，其实这离不开他们从小对语言表达能力进行的开发与训练。当然，这种训练在我们的日常生活中也是能完成的。平时多让孩子跟父母分享他读书或看电视节目的感想，就是一种训练方法。不论孩子说什么，父母都不要打断或否定。**如果能得到大人专心又耐心的倾听，孩子将对自己的表达产生强大的自信。**

当孩子想买什么新东西时，又一个训练语言表达的机会就来了。父母可以要求孩子总结一下这个东西的购买理由，然后说给父母听。

我们要让孩子学会归纳梳理自己心中的各种信息、证据，以论

第4章
会主动思考才能主动学习

证自己的观点。还要将这些观点用语言输出，说服他人来支持自己。通过一次次地练习，孩子就能知道如何有逻辑地表达意见以及说服他人。比如告诉孩子提一个方案，需要有三步论证：首先，我们面对的问题是什么；其次，最佳的解决方案是什么；最后，解决这个问题能让我们有什么收获。

今后孩子考大学时，很可能需要参加个人独面、参与小组讨论、提交小论文、做汇报演讲等。检验孩子学习水平的标准，正在由知识和技巧转向思考和表达。

语言表达能力将是孩子迎战社会竞争的得力武器。

尊重弱者才能彰显人性之光

> "普天之下，每个人都很重要。"

现在日本有股批判弱者的风潮，很多人在攻击领取低保补助的人，认为这些被保护的人没有任何价值，只是社会的累赘。社会上还出现了"废人"这个概念，专门用来形容没有工作的人，或不婚不育、不干活，也没有一技之长的人。

"笨"小孩也能上名校

父母如果也给孩子灌输这些观念，就会让孩子感到害怕，觉得自己生活的世界很残酷。我当然赞同父母提醒孩子社会竞争有多严酷，但我从来不同意"这世界上有些人就是没有价值的"。

培养孩子的共同体感觉，就要让孩子相信"我们的世界并不是一个可怕的地方"。

依我说，领取低保的人也有消费活动，是货币流通中的一环，某种角度上讲也是经济发展中的一股推动力。一个有生机的市民社会，是由其中各种角色和分工共同造就的。

相较而言，我们给东京奥运会和残奥会投入了 1.42 万亿日元（还不知有多少人力成本没计算在内），但最后又能给宏观经济带来多大的刺激作用呢？从公共事业的角度分析，把这笔投资用来提高弱势群体的生活水平，其实更能给经济带来促活效应。

说回学习，家长如果孜孜不倦地向孩子传达一个信息："成绩好，活着才有意义，否则是没有意义的。"孩子便一定会被恐惧裹挟，甚至让"活着"这件事情成了这些恐惧的根源。

不要用恐惧去胁迫孩子，我们该给他的是无条件的爱。当孩子明白**"只要我还活着，我就有价值"**时，他才有勇气去进一步地探

第4章
会主动思考才能主动学习

索和开拓，去邂逅一个更新、更美的世界。

社会的运转不可能只靠光鲜的医生和律师，保洁员和护工的存在同样不可或缺。我们要好好跟孩子解释弱势群体的难处和价值，比如说："这个人生病了，现在无法工作。但之前的他在职场上兢兢业业创造过许多价值。疾病是不幸，不是罪恶。"或者说："每个人都是消费者，消费本身也是一种价值，能推动经济运转得更快、更有活力。任何一个消费者都在为宏观经济做贡献哦。"孩子一定会因为你正直善良的价值观而获得源源不断的勇气。

规划并落实一件事情就是真正的领导力

"关于这件事，你觉得该怎么办？"

父母逼迫孩子接受的每一个价值观，都可能是刺伤孩子自我意识的一把刀。

孩子如果被父母填鸭式地养大，他当然就丧失了独立思考的可能性。孩子在这样的状态下成长，免不了会想要在学校和朋友中也找个家长的替身，让这个"新家长"继续给自己"投喂"方向和价值观，自己则亦步亦趋地跟随即可。这样的孩子将来进入职场后，可能只会随波逐流或人云亦云。他不可能成长为一个团队领导,不可能实现任何开拓或引领。

培养孩子的领导力,就要鼓励孩子进行独立的思考,并要求他对自己的意见和决定负责。

阿德勒教育理念

> 养育女儿,就要在哪怕微不足道的家庭事务上给她发言权。父母应该把女儿当大人来对待,引导她理解并产生责任感,赋予她温柔又坚定的督促与重视。

例如"今年暑假咱们去哪里玩儿啊?""为什么想去那里玩?""那是坐飞机去呢,还是坐火车去呢?"这些事情在过去可能并不需要征求孩子的意见,大人全权决定就好。但以后我们要记得尊重孩子的感受,给他平等的发言权。

即使孩子异想天开,着实提了一个无法实现的意见,家长也不要大手一挥便粗暴地否决。此时理由很重要,孩子需要我们解释清楚,为什么他的方案行不通。

第4章
会主动思考才能主动学习

如果孩子的方案被我们采纳,那就可以让他进一步去执行自己的方案:"接下来请你规划一下行程好吗?""坐火车去没问题,那么你去查一下我们应该坐哪个车次吧。"

当孩子被委以重任,胸中熊熊燃烧着参与感与责任感,自然会动脑筋去思考怎么选择、如何落实才能让家人眼前一亮。**在这个过程中,他将习得一种非常重要的领导力,那就是"把握并满足他人需求"的能力。**

我们也可以在生活中发掘机会,通过点滴小事、日常家务去培养孩子的领导力。孩子是家庭的一员,有责任和义务去分担家务,照顾家人。取报纸、倒垃圾、打扫浴室等事情都能交给他去做,也都是让他习得责任感的好机会。

看电视的讲究

"电视里的话可以听,但别全信。"

父母尊重孩子,用平等的视角看待孩子并与孩子交流时,孩子一定会认真倾听父母说的话。

"笨"小孩也能上名校

我从不把自己的孩子只当成小孩看,我相信她们的理解力与沟通欲,所以常跟她们讨论有一定深度的话题。但日本的各大电视台的做法却与我截然相反。现今的有些电视节目把观众都当成了孩子,甚至是傻瓜。我也曾受邀参与一个电视节目的录制,导演全程苦口婆心地反复叮嘱我:"您一定要把话说得简单点,让中学毕业的人也能听懂。"节目组要的效果就是浅显好懂没难度,把观众当小孩在宠。

即使是中学学历的人,也只是因为一些原因没有读大学而已。他们中的绝大多数人依然能把报纸上的新闻读明白,理解到位。但我们的一些电视节目却总用一种幼稚得过分的角度去解读这些新闻,跟报纸的深度完全无法相提并论。

打开电视,一看到重大的刑事案件,能听到的评论就是:"这样真是太不对了。"自然灾害发生时,主持人的反应也无外乎是:"灾民好可怜啊!"这些只是肤浅空洞的感叹,完全谈不上什么理性的报道、深入的分析。

而且,电视上报道的新闻或提供的信息可能还有纰漏,所以我们不能尽信其言。这就要求家长在电视的渲染有时甚至是误导下,依然保持理性,帮助孩子鉴别是非,去伪存真。

第 4 章
会主动思考才能主动学习

"怎么回事？这两家电视台的报道完全不同嘛！""那个政客的言论自相矛盾，选举前后立场截然不同。""所以你看，电视里说的话不一定都是事实，我们要仔细分辨，不能全信。"父母可以用这些话去引导孩子辨别信息的真伪，形成自己的意见。久而久之，孩子就会养成独立思考的习惯，去挖掘真相，亲近真理。

当然，如果孩子还能在电视之外找到不同的媒介和渠道进一步深挖细节，立体深入地了解事物的全貌就更好了。**这种深入分析、追求真相的习惯，对学习和求知也大有裨益。**

老师的话不必照单全收

"老师的观点也不是百分之百都正确。"

阿德勒一直反对人们把他人的标准视作圭臬，无条件地讨好他人。

阿德勒教育理念

每个人都应坚持自己的信念，找到一条属于自己的道路，然后用自己的方式朝着自己的目标走下去。

"笨"小孩也能上名校

这个理念对育儿同样适用。父母如果让孩子全盘接受学校老师或身边大人的所有评判标准和价值观念，不加丝毫反思和质疑，那就与育儿的根本目标背道而驰了。**父母需要做的是支持孩子找到属于他自己的那条路，并帮助他在这条路上走得更稳。**

可惜日本的教育环境，就是一个向孩子们强行投喂既定价值观的填鸭场。

体育评论员玉木正之批评道："长期以来，日本的学校把体育课打造成了一种'人格教学课'，体育课就是为了把学生的品性和价值观捏成教育系统希望的模样。"换言之，日本的体育课是思想教育的工具，体育老师做的事情让学生越来越讨厌运动。

如果运动的功能就是给孩子强喂价值观，那么孩子怎么可能爱上运动？体育课真正的目标应该是激发孩子对运动的兴趣，传授各种运动的技术技巧。我很幸运，母亲对我的老师从来都不是盲信，她还时常提醒我要学会辨别是非与真假："老师的观点也不是百分之百都正确。""你学不会翻转上杠的动作，老师也有教导无方的责任。"

母亲的话如同一道道光，穿透我乌云密布的心，驱散了老师带给我的羞辱，于消沉之中将我解救了出来。而后念滩中学的高中，

第 4 章
会主动思考才能主动学习

我最庆幸的就是邂逅其"不可尽信老师所言"的校风。

滩高中的每个同学都会摸索出一套适合自己的学习方法。我们有时会给自己打气:"老师也没毕业于东京大学啊!那仅靠老师或全信老师,我又如何考得上东京大学呢?"这话听起来有股稚气十足的嚣张,但也体现了我们独立自主的进取精神。

学会等待,未来一定会有回报

> "抱歉,现在妈妈忙不开,稍等一下再听你讲哦。"

生活中常有两难境地,孩子有话想说,但我们手头又有一堆放不下的工作或家务。

孩子的话匣子一旦打开就收不住,再小的话题也能让他兴奋半天。但不论家长多么焦头烂额,都不要反手扔给孩子一句:"够了,住嘴!"任何情况下,我们都不该忘记要最大限度地去尊重孩子,把他当成平等的对象来看。有条件时要耐心倾听他的叽叽喳喳,并欣赏他的眉飞色舞。时间实在是紧迫时,可以先跟孩子说一声:"抱歉,现在妈妈忙不开,稍等一下再听你讲哦。"接下来孩子对妈妈的等待,就是对"延迟满足"能力的一种训练。

"笨"小孩也能上名校

20世纪60年代,美国的心理学家做过一个非常有名的心理实验,叫作"棉花糖延迟满足"实验。每轮实验都有一名4岁的儿童受测。研究人员会给这个孩子发一颗棉花糖,然后对他说:"你现在就可以吃掉这颗糖。我会先出去一会儿,15分钟后就回来。如果你能忍住不吃掉这颗糖,那么等我回来时就会让你吃两颗。"

参加实验的数名儿童里,有七成左右没能忍住,当场便吃掉了糖,但还是有约三成的孩子忍住了。实验到此还没结束,研究人员继续记录这些儿童在生活和学习上的表现,后续的追踪超过了15年。研究结果显示,当初忍住不吃糖的孩子长大后,在大学入学考试中取得了更高的分数。

这个实验证明,**一个人的自控力越强,他的学习能力就越强**。所以我们有必要训练孩子的自控力,让他对干扰或诱惑有一定的耐受性。适度的等待就是一种好的训练方法。

但父母切记,答应孩子的事情一定要做到。如果我们确实对孩子说了:"抱歉,现在妈妈忙不开,稍等一下再听你讲哦。"那么就要把这个约定放在心头,绝不能忽悠完孩子就懒得履约了。

爸爸妈妈不守约,不仅培养不了孩子的耐受力,还会破坏亲子

第 4 章
会主动思考才能主动学习

间的信任,让孩子不再相信父母的话。所以,任何一句"妈妈稍后再听"都必须要由"咱们现在继续吧"来进行最终的收尾。

照顾与被照顾,就是人际关系的核心议题

> "××同学有哪些优点啊?"

人与人之间的相互照顾是重要且必需的。

阿德勒教育理念

> 每个人都需要知道如何帮助他人,以及如何接受他人的帮助。但帮助与被帮助也是一种能力,需要通过后天训练才能掌握。没有这种能力,我们就不可能在人生之路上走得远且走得稳。

人的共同体感觉是可以通过训练来提高的。**急人所急,感人所感**,与他人彼此协助,互通有无,能让一个人茁壮成长并顺利融入社会。

"笨"小孩也能上名校

阿德勒告诫一个想当医生的少年，成为医生的必修课之一就是关心他人。否则即使有一天穿上了白大褂，也无法真正理解患者的痛苦与需求。想当一个悬壶济世的好医生，光有出类拔萃的医疗知识与技术还不够，更重要的是与患者形成互信而亲密的关系。

对各行各业来说，处好与他人的关系都至关重要。孩子今后不论从事什么工作，总免不了与他人打交道，有时候是顾客，有时候是上司、同事等。

教孩子为人处世，父母首先能做的就是给孩子毫无保留的爱。只有被父母深爱过的孩子，才有深爱他人的能力。而且，**只有被人爱过，才会懂得爱的本质与表现，也才有可能去爱别人。**

孩子沉浸在父母的爱中长大，才会懂得如何将心比心，如何接纳他人的喜乐哀愁。

要让孩子学会关心他人，首先，父母可以在日常生活中多跟孩子聊他的朋友们，引导孩子思考与朋友相关的事与物、情与景。其次，父母可以给孩子创造良好的社交环境，让他有机会接触到优秀的朋友。方法之一是鼓励孩子努力考入成绩好的学校，此外还可以报个适合孩子的补习班、学项特长等。

第 4 章
会主动思考才能主动学习

即使孩子朋友不多,家长也无须过度担忧。如果孩子为了所谓的社交,成天陷在手机里,甚至因此耽误了学习,那就南辕北辙了。朋友不在多而在精,遇事有能彼此商量的挚友,平日里有灵犀相通、三观相合的数个知己,足矣。

孩子遇到烦恼时,家长如何介入

"咱们一起来想想该怎么解决它吧。"

俗话说解铃还须系铃人,孩子也有很多人生难题,需要他自己去解决,比如学习、交友等。

学习或不学习的一切收益或后果,最终也只会降临到孩子自己的身上。我的母亲非常清楚这一点,所以总是不厌其烦地提醒我:"现在不好好学习,将来吃苦的是你自己。"

道理虽然简单,但还是有很多家长放不了手,总要介入孩子的问题和烦恼,不代劳就心慌。父母这种无谓的揪心与殷勤最是磨折亲子关系。

真正的原则应该是每个人管好自己的事情,父母和孩子各有任务，各尽其责。彼此之间要有界限和尊重，双方都要明白"学习是孩子的任务。孩子如果不学习，应该担责的是孩子自己"而"工作不顺利是父母的烦恼，与此相关的所有压力、问题都要靠大人自己解决"。如此各司其职才能促进孩子的自立，才能让父母克制自己的脾气，不把孩子当情绪的垃圾桶。

不过在"你管好你"和"我管好我"之外，还有第三种可能，那就是有些问题确实需要我们双方一起想办法。

有时候，孩子会询问我们的意见："妈妈，我就是学不好，你说我该怎么办啊？"此时，学习就不再是孩子一个人的烦恼了。他在邀请大人介入，希望获得提示和帮助。那么就到我们出手相助的时刻了，可以对孩子说："咱们一起来想想该怎么解决它吧。"

还有些时候，我们甚至可以主动向孩子发问："不学习的话，都会有哪些后果啊？"家长用一个疑问引发孩子的思考，从而把如何学习变为双方需要共同面对的问题，然后再一起去摸索解决它。

但要注意的是，如果孩子并没有意愿跟父母站在统一战线上，原则上就不要硬拉他跟我们一起面对任何问题。

即使孩子主动来求助，我们也不要忘记双方的地位是平等的。

第 4 章
会主动思考才能主动学习

大人的意见只是参考，绝不能劈头盖脸地砸过去逼孩子接受。沟通的目的是抛砖引玉和解决问题，而不是树立家长的权威，所以必须充分尊重孩子的想法。

父母掌握好介入的分寸，不越界、不侵犯，孩子才会信任父母，下次再有困难时才会愿意跟父母商量。

第 5 章

迎战"自卑感",扫清学习路上的拦路石

阿德勒心理学
给育儿的启示

花更多的时间、下更大的力气蛮干,也不一定能拯救那些死活都学不好的科目。当付出和收获不成正比时,一定是方法出了问题。果断停下来,换个思路继续前进,也许就能柳暗花明了。

"自卑感"也能
变废为宝

孩子可能因为能力和天资不如人，而感到颓丧甚至羞耻。在大人眼里微不足道的小事，也可能给孩子造成巨大的困扰和伤害。

自卑感无孔不入，不放过任何一个人。否定或批判自卑感的存在只是螳臂当车，并不能对抗和消解它。我们需要直面自卑感，并把它化作前进与成长的动力。而这种顽强向上的态度，将极大地影响孩子将来的发展。

当孩子和他人之间产生了差距，令孩子心生自卑感时，家长不要急于批评。因为当视线全部被"输"这件事情占据时，人一定会变得狭隘和极端。孩子输了不可怕，可怕的是父母用一次的失败去全盘否定孩子的人格与潜力。

那我们该怎么办？其实答案很明确，我们只需要考虑："孩子现在的优势在哪里？""怎么做才能让孩子在优势领域里赢一次呢？"找到这两个问题的答案，再坚决执行就好。

一切的关键在于让孩子体验"赢的感觉"。哪怕只有一次也好，一定要让孩子去取得胜利，去相信自己。

获胜的经验会在孩子心中化作阳光与雨露，唤醒自信心的种子，让它破土发芽，向上生长，开花结果。

正确面对自卑感，不被它击垮，孩子才能从中汲取信念与力量，形成强大的斗志去迎接下一轮挑战。

本章将探讨家长如何帮助孩子调整心理状态，化自卑感为动力。要想把孩子的自卑感变废为宝，父母自己首先不要过于焦虑和担忧。

第 5 章
迎战"自卑感",扫清学习路上的拦路石

不断调整,试出学习好方法

> "我们改进一下学习的方法吧。"

考上滩中学后,我变得自大,躺在这份成就上不思进取。于是我的学习成绩急转直下,往差生的方向一路狂奔,直至高中也没有起色。尤其是数学,简直是人间噩梦,怎么都学不好,一到做练习题的时候就痛苦难耐。

就在我被数学打击得抱头鼠窜时,班上有个同学做起了一门有趣的生意。他把尖子生的数学笔记整理打印出来,制成参考书售卖。我如获至宝,赶紧把这本参考书买回来细细研读。反正不管三七二十一,先把人家的解题思路全部背下来再说。

"笨"小孩也能上名校

猜猜后来结果如何？之前那些让我绞尽脑汁都找不到突破口的数学题，渐渐变得面目可亲。仿佛有人带着我找到了数学花园里正确的路径，一切景致逐渐清晰明朗起来。正是凭借对解题思路的大量积累，我的数学成绩突飞猛进。

几年后，我给这种学习方法起了个名字，叫"背诵数学法"，还传授给了我的弟弟和其他朋友。他们无一例外，都用这个方法拯救了自己那在泥泞中挣扎的数学学业，让成绩更上了一层楼。直到现在，我还在通过远程教育给孩子们教授这种方法。

我能于危难中拯救自己的数学学业，多亏了当时自己能断然转身，起用崭新的学习方法。

孩子们就应该果断地尝试各种新的学习方法，不要犹豫。如果失败，就再试下一种。且行且反思，且试且总结，一定能找到最好的那一种。

诚然，不论是大人还是小孩，尝试新鲜事物都需要勇气，但孩子实则更难。因为经验的缺乏让孩子们更难预判结果，所以对失败也有更大的恐惧。

阿德勒总是激励人们鼓起勇气奔向目标，大胆开拓和挑战。他

第 5 章
迎战"自卑感",扫清学习路上的拦路石

也确实在实践中不断地创造条件,推动他人迈出第一步。

但花更多的时间、下更大的力气蛮干,也不一定就能拯救那些死活都学不好的科目。当付出和收获不成正比时,一定是方法出了问题。果断停下来,换个思路继续前进,也许就能柳暗花明了。

孩子也许会在同一个科目或难点上反复卡壳,难有突破。父母可以仔细把握状况,找到时机提醒孩子:"我们改进一下学习的方法吧。"

在试错中不断进步,找到正确的解决方法,是一种重要的能力,将在未来助力孩子更好地适应社会,融入社会。

没有一个孩子"天生脑子就笨"

> "别怕,是老师的教法不对,不是你的问题。"

我曾经采访过一个儿童体育俱乐部。

他们非常有方法,能让每个孩子都学会翻转上杠的单杠动作,哪怕这其中有些孩子原来在自己的学校怎么都学不会。

"笨"小孩也能上名校

其实孩子学不学得会，关键要看老师怎么教。这家俱乐部认为，如果有孩子在俱乐部认真学习了却还是翻不上去，那么责任就在指导老师身上，严重时甚至会解雇老师。

俱乐部还有退款制度，孩子在这里没能学会翻转上杠的话，可以要求退学费。因为教学效果与收入是息息相关的，每位指导老师自然就不遗余力，想方设法都要让孩子们全员学会翻转上杠。

教学的关键是老师的教法，而不是孩子的天资与素质——这个理念在学科学习中一样成立。

父母在孩子的学习上可能会犯的最大错误，就是把困难都归咎于"这孩子天生脑子就笨"，而且还对孩子说了出来。

对成绩不理想的孩子，父母更是要让他坚信："我暂时没考到高分，不是因为我笨，而是因为老师教得不够好罢了。"

要达到这个效果，父母须从话术和成功体验这两个方面同时发力。

例如："老师的教法有问题，你绝对是个学得好的孩子。"但仅此一句，还是让人略感口说无凭。父母还要在现实中找到办法，让

第 5 章
迎战"自卑感",扫清学习路上的拦路石

孩子切实感到:"果然是学校老师没教好,教法对了我也能行!"

有很多方法可供选择,例如,父母可以买回教材,亲自辅导孩子,也可以聘请家庭教师专门指导。一旦发现正在用的教辅或参考书没效果,就果断换下一本。

家长要找到方法,引导孩子体验一次成功。当孩子终于对镜中的自己说出"我也能行!"时,他的心将受到震撼,获得自信。孩子于是知道:"我很有实力,只是之前没找到方法而已。"

所有的成功都有意义

> "你在××上是真的很厉害!"

孩子将来在社会上生存,哪种能力或素质是必不可少的呢?我认为是自信,即他内心的一股执着、一腔奋勇,是他对自身价值的坚定认可。

不管是什么项目,不论在什么领域,只要孩子有一个过人之处,他就能形成这种自信。

"笨"小孩也能上名校

孩子可能是个"电器通",玩转各种电子产品;也可能是"烘焙达人",会制作好吃的甜品;还可能是个"舞蹈苗子"……在特长的选择上,孩子有完全的自由。不论在哪个领域,只要能出彩,就值得父母奉上一番发自肺腑的叫好。

但有些父母却将所有的关注都投给了学习,"学得好不好"成为判断孩子能力与表现的唯一标准。一旦发现孩子对学习兴致寥寥,父母便挠头叹气,甚至还会找孩子真正的兴趣点和特长算账,认为正是这些"歪门邪道"影响了学习。

父母别无他法,只好一把将孩子推出原本擅长和热爱的世界。随着兴趣之门"砰"地关上,孩子还听到一句冷冰冰的指令:"从现在开始,你不许再瞎折腾什么甜点了,给我好好学习去!成绩有起色了再说其他的!"

这种自以为抓住了重点的教育方法往往适得其反,只能进一步摧毁孩子的自信和灵气。

在阿德勒眼中,学习厉害和做饭厉害是两件同样了不起的事。

同理,在阿德勒看来,也没有哪一种输是更可怕的。例如当看到孩子在跑步比赛里落后时,家长大可不必乱了阵脚,非要抱着

第 5 章
迎战"自卑感",扫清学习路上的拦路石

"今天不赢不行"的渴盼冲上去,拉着孩子的手一起跑。

人人都有求胜的欲望。跑步比赛里,比输赢更重要的是释放孩子的求胜欲,激励他们发挥自己的最大潜能。不要为努力和成功间不佳的转化率而唉声叹气,不用担心努力多次只会换来接踵而至的数轮失败。毕竟战场还有很多,迟早能找到自己的优势领域。总有一个冠军奖杯在那里等着孩子。

当孩子在某一方面体验过一次"我比大家都厉害!"后,便能找到强大的自信。拥有一个长项,引得众人称赞,就能让孩子摆脱自卑感的桎梏,从此挺起胸脯迈向远方的星辰与大海。所以不要给孩子的成功设限,更不要给他们一生的目标设限。他在小时候不需要成为分数的"奴隶",长大后也不需要成为财富的"奴隶"。保持自信,坚持努力,胜过一切由可以量化的目标形成的枷锁。

只是在现阶段,为了孩子能找到学习上的自信,我们要先让他找到一个"我能赢"的项目。

一个小胜利就能给孩子带来大自信,进而让他对一切都充满兴趣和开拓欲。这才是赢的真正意义。

"笨"小孩也能上名校

偏心的危险和正确的对比方法

> "你这次考得比姐姐还好,热烈祝贺!"

阿德勒反对父母的偏心,认为这对孩子的成长有着极大的危害。

阿德勒教育理念

> 如果家里有一个孩子非常出色,另外一个孩子就有可能会因此变成问题儿童。例如,弟弟的性格特别好,跟父母格外亲近,哥哥就容易感到不公。被冷落的孩子常常会产生愤愤不平的情绪甚至生出极端的想法,会觉得自己被父母遗忘和抛弃了。

现代精神分析学的名家海因茨·科胡特也援引阿德勒理论,做过类似的表述。

父母对一个孩子的偏爱可能意味着对其他孩子的冷落甚至是打压,后者容易在行为上产生问题,所以阿德勒反对父母的偏心行为。像"姐姐学得这么好,你怎么就是不行呢?"之类的话还是不说为妙。

第 5 章
迎战"自卑感",扫清学习路上的拦路石

不过我想补充一点,"对比"本身不见得一定都是坏事。对于有些孩子来说,"对比"说不定还能促使孩子们你追我赶、不断进步。

在家长的有效引导下,对比带来的不服气也可能变成一种奋起直追的斗志。因此我们或许可以对孩子说:"你不会输给姐姐的!加油!"或"姐姐做得到,你当然也没问题!"

其中的奥妙是:**千万不要否定孩子。**

"姐姐学得这么好,你怎么就是不行呢?"家长说这句话的初衷,也许是想鞭笞孩子奋发图强,但最后一定是让听到这句话的孩子更不想学习了。两个孩子谁学得更好是一目了然的,妹妹心里很清楚和姐姐的差距,不需要家长反复强调。一遍遍地听父母否定和打压自己,妹妹能做的也只能是哀怨苦恼,只叹自己无奈又无能罢了。所以父母就不要再把旧账翻得噼啪作响,声嘶力竭地痛击妹妹的弱处了。

而当妹妹反超姐姐时,就需要父母的大力表扬:"你这次考得比姐姐还好,热烈祝贺!"

不过要记得,这种表扬须私下进行,只让妹妹听到就好。

妹妹得到了肯定,一定会想学得更好、不断进步。于是学习的

欲望澎湃于胸中，她自己就会时常去书桌前坐定学习了。

一切为目标服务

> "不用担心，跑得慢点没关系。"

曾有一位日本的精神科医生与阿德勒不约而同地选择了同一种神经症治疗方法，他就是森田正马（1874—1938）。这两人碰巧生活于同一个时代，隔海相望，彼此间从未有过任何联系，却灵犀相通，采用了同样的理论与治疗方法，可谓是英雄所见略同。

森田医生推崇的治疗理念叫作"目标本位法"。目标本位的意思是医生不要纠结于患者当下的痛苦或病症，而要去发掘出患者"真正的目标"，通过实现这个目标来缓解痛苦，治愈其心理疾病。

比如有一种疾病叫作"赤面恐惧症"，患者的症状就是在人前非常容易脸红。患者为此苦不堪言，来到森田医生处求诊，森田医生通常会询问他们："你为什么会觉得脸红是一件不好的事情呢？"患者一般都会回答："我不想别人因此而讨厌我。"或："我想和周围的人处好关系。"总体看来，患者的目标（森田医生称之为"生的欲望"）大多是"希望自己被人喜欢"。

第 5 章
迎战"自卑感",扫清学习路上的拦路石

既然如此,森田疗法就登场了:其实不用再苦苦纠缠于赤面恐惧症的治疗了。脸红又何妨?如果脸红时也一样被人喜欢,那不也是从根本上把问题解决了吗?**关键不在于清除自卑的根源,而在于找到这个人真正的目标,以及实现目标的最优路径。**

比如孩子跑步跑不快,为此很苦恼。家长就可以深入挖掘孩子苦恼背后真正的欲求,可能是"不想被朋友看不起",也可能是"想让朋友佩服我"。

明白了孩子想要的到底是什么,才能把握住正确的努力方向,接下来就是执行而已。父母可以说:"不用担心,跑得慢点没关系。还有很多办法能让朋友喜欢你。"也可以说:"算术能得第一名的话,大家也会佩服你的啊!"

如此沟通,就能让孩子找到自己的优势项目,用另一种胜利实现他的目标。

阿德勒教育理念

人可以用任何一种胜利,去对冲其他方面给自己带来的自卑感。

抗压性的提高

> "不论眼前有什么难处,这都不算啥,别担心。"

孩子的世界里常有一些所谓的大危机让他们惶惶不可终日,哪怕这些问题在大人眼里都算不得什么。比如:"这次考试我考砸了。""好朋友不理我了。""上课发言时,我讲得一点都不好。"

这种时候父母如果明知问题不大,却还用做作的共情来回应孩子,跟孩子一起陷入悲观情绪里,反而可能夸大问题的严重性,让孩子更加焦虑和恐惧。

孩子如果已经暴躁了,父母就更要保持冷静。大人的理性与沉稳是能感染孩子的,能安抚孩子的六神无主与胆战心惊。

而且,父母越能保持冷静,孩子就越有"抗压性"。只有抗压性高的孩子,才能更自如地应对压力和挑战。

阿德勒教育理念

焦虑肯定不是一种好情绪。只有当家长能冷静应对一

第 5 章
迎战"自卑感",扫清学习路上的拦路石

切变化时,孩子才有能量和底气在真正的困难与危险面前激流勇进。

有一种安全感叫作"我背后有强大的支持"。这种安全感会让孩子变得坚韧不拔、无所畏惧,在风雨中砥砺前行。

唯愿我们的孩子都能在心里说:"我爸爸什么都不怕,永远都不慌。所以我也一定是个勇敢的孩子,这些小事吓不倒我。""妈妈说了没问题,那就肯定没问题!"

人生是场持久战,真英雄会笑到最后

"不用太勉强自己,以后还有机会考上好学校的。"

人生路漫漫,小升初考试只是孩子早期面临的一个小关卡。之后的中考、高考、求职等才真的是一个比一个难。父母不要把小升初摆到命运攸关的位置,给孩子太大压力,以至于耗尽了他们所有的激情与能量。

"笨"小孩也能上名校

坦白地说,我和母亲都曾受过"燃尽症候群"[①]的折磨。刚升入初中时,我心想:"可把小升初熬过来了,接下来要放松一下。"我卸掉所有斗志,每日过得逍遥自在。结果可想而知,我的成绩一落千丈。等我反应过来时,自己俨然已是个后进生了。

备考小升初时,我每天都坚持学习3小时左右。但升入初中后,学习几乎被我抛到脑后。松懈倒是容易,但想重整旗鼓就难了。

这个教训告诉我,考上一所好初中也不等于从此便可无忧无虑地尽情享乐了。小升初结束时,我们与人生的终极目标之间,可能还差着半辈子的风雨跋涉。

粗略地讲,孩子们要记住:小升初备考阶段,我们每天要学多长时间,初中就要保证同样的努力程度,只可增加不可减少。我们要把勤奋当作习惯,谨记:升学考试的结束,不代表放纵和懈怠的开始。人生很长,要保持稳定而持续的拼搏状态。

如果孩子在升学考试里失利,父母要及时给予心理关怀。在关键的考试中失利,孩子的心理可能受到重创,严重时甚至会让他对

[①] "燃尽症候群"指人在巨大的压力下努力坚持,直至耗尽能量,失去干劲,最后陷入燃料烧尽后空虚无力的状态中。——译者注

第5章
迎战"自卑感",扫清学习路上的拦路石

整个人生万念俱灰。我犹记得弟弟当初无法接受小升初考试的挫败,一度茫然自失、绝望挣扎的模样。

父母在对孩子做心理关怀时,保持自身情绪的稳定极其重要。 在此基础之上再力挽狂澜,寻找补救的措施。比如我们可以根据时间和录取政策,在孩子能力范围内再找一所目标学校继续努力。

就算小升初的最终结果不尽如人意,那我们也不是真的就穷途末路,再无转圜余地了。孩子未来还有很多的机会去考上好大学,他的人生远未尘埃落定。现实中,有许多孩子小升初时没发挥好,但六年后仍考上了东京大学。

父母可以鼓励孩子:"小升初失利算不了什么,在这样的情况下六年后咱们如果还能考上东京大学,那才是真的了不起呢!""继续努力,回头让大家瞧瞧你的厉害!"

不论孩子经历了怎样的打击或挫败,父母都要坚定地与孩子站在统一战线,让他们知道自己背后有父母的认同与支持。 如此,孩子就一定能渐渐找回自信,东山再起。

"笨"小孩也能上名校

学习能打开人的视野，提升人的格调

> "这个人真是品行卑劣，姿态丑陋！"

在孩子心中，对工作、态度、事物进行判断的标准通常是它看起来"帅不帅"或"酷不酷"。足球运动员和律师就是看上去又帅又酷的角色，当然也就成了很多孩子梦想中的职业。

所以，我们要想孩子愿意学习，就需要给孩子灌输"学习是一件很帅的事"以及"不学习一点儿也不酷"的观念。

这不是要孩子去歧视或疏远成绩不好的同学，而是要孩子知道，即使是名利双收的人物，只要不学习、不上进，那他们就不是帅气的。我们给孩子们灌输正确的价值观，就是要帮助孩子形成独立的思考和判断，避免盲从大流。

阿德勒从来不提倡因某些人的某些话语就歧视他们。但对太自以为是的发言，他也鼓励人们毫不留情地批判之。

我们要对是非有清晰的判断，对错误和极端的言论坚决否定。孩子们看到大人是如此爱憎分明、客观公正，就会明白："这个世界很公平，做了傻事是要背负责任的。我可得好好学习，当个有智慧的人。"

第 5 章
迎战"自卑感",扫清学习路上的拦路石

"不能歧视任何人",是大家都应遵从的做人总方针,也是我们社会的原则与底线。父母要告诉孩子:"人如果不求上进,以后视野就会狭窄,格调就会粗鄙,免不了要说傻话、做傻事。那就太可怜了!"能点醒孩子的,或许只能是他的父母。

第 6 章

孩子受挫时，家长应该说什么

阿德勒心理学
给育儿的启示

孩子如果犯了一个之前没有犯过的错误，没有必要过分苛责，父母要关心的是如何帮助孩子进行反思并调整自己的行为，以求将来不要再犯同样的错误。

面对失败，孩子最需要父母做什么？

每一个叱责孩子的家长可能都会说："我骂孩子，也是为了他好！"但事实是，挨一顿骂并不能让孩子深入反省，痛改前非，更多时候只是白白打击了孩子追求进步和成长的热情而已。

一两次的失手或失败，通常无伤大雅，无碍大局。更别说人生的本质就是一个在试错中不断进步，于跌倒后继续前行的过程。孩子若遭遇挫折，在挑战前败下阵来，父母完全可以静观其变，默默守候。

父母需要修炼自己的承受能力，让自己用一颗平常心去看待孩子成长路上的起伏与喜忧。

我们真正应该做的，只是保证孩子不要在坑里趴太久，激励孩子尽可能快一点振作精神重新上路而已。

我们可以说："接下来怎么做，你才能让事情有改观呢？"或是"你想赢的话，应当做什么呢？"

但不要立刻给孩子答案，我们可以坐下来，和孩子一起讨论、评估各种可能的方案。这样的话，孩子也许自己就能找到最适合他的方向。

另外，**父母也不是完人，在育儿的过程中难免会犯错**。但最不可取的就是转嫁责任，通过叱责孩子去掩盖自己在教育上的失误。大人犯了错误，也应该及时向孩子坦白并道歉。

本章将探讨在那些是可忍，孰不可忍的瞬间，家长如何控制情绪，跟孩子有效沟通。叱责孩子是一种常见的反应，但它不是正确的反应。

第6章
孩子受挫时，家长应该说什么

从失败中学习，才能反败为胜

"我们还有机会，下次一定要加油！"

成绩再好的孩子也会有发挥不稳、马失前蹄的时候。输给了对手，谁都难免会怏怏不乐。

孩子在外落了败，心里已经难受得揪成了一团乱麻。此时父母若再叱责一番，那就更是乱上添乱了。一轮轮火上添油一定会让孩子信心大减，好长时间缓不过精气神来。

所以当孩子遭遇失败，正在消化和反思时，父母就不必再批评他了。我们可以鼓励："好好振作起来，下一次挑战时再见分晓！""没关系，下次考试让大家瞧瞧你的厉害！"

"笨"小孩也能上名校

家长要把目光投向未来，引导孩子找回信心，争取下一次胜利。

谨记：我们的人生永远有逆袭的机会。

肯德基创始人哈兰·山德士早年间郁郁不得志，直到 65 岁才从零开始创业，但最后大获成功，缔造了遍布全球的快餐王国。这告诉我们，孩子的潜力和可能性任何时候都不可小觑，或者说无法一锤定音。

有些孩子小时了了，考入了知名的初中或高中，却在中考和高考中折戟沉沙，没能考入一流大学。但也有不少孩子在小升初时发挥平平，未能考上不错的中学。他们却依然斗志昂扬、发奋苦读，最后弯道超车，成功"上岸"一流大学。

人完全可以从失败中吸取教训，获得力量，然后反败为胜。会从失败中学习的孩子，既能防止自己第二次陷入同样的困境，又能把失败的体验变成前行的资源，从经验教训中提炼出正确的学习方法。

父母要避免孩子被一两次的失败彻底击倒，鼓励孩子保持心中那股不服输的冲劲和"下次我一定要赢！"的拼劲。

第 6 章
孩子受挫时，家长应该说什么

但孩子如果明明没考好，还毫无反省之心，依旧看电视看得忘乎所以，那就另当别论了。这种情况下，家长有责任点醒孩子："考得不好没关系，但放之任之不可以。要想下次考试翻盘，现在就得行动起来！"

父母也非圣贤，犯错就应道歉

> "这件事确实是妈妈做错了。"

阿德勒曾在咨询中接待过这样一对来访者。

那是一对母女，但女儿之前曾被送养给别的家庭，后来回到了亲生母亲身边，两人相依为命。一开始母女俩亲密无间，但随着孩子成绩下滑，妈妈的态度也逐渐变得严厉苛刻起来。

妈妈担心女儿的前途，对孩子的学习非常重视，不断地加压和提要求，恨不得把女儿绑到书桌上，让她每分每秒都去学习。但母亲的步步紧逼却只换来了孩子的反感。妈妈越来越焦虑和烦躁，女儿则越来越不满和抗拒，两人之间的关系充满了火药味。

阿德勒听罢两人的故事，向这位妈妈提出了建议——向女儿道歉。阿德勒告诉这位妈妈，她需要向孩子承认自己在态度和行为上的错误，并转变思路，找到新的方法帮助孩子进步。妈妈接受了阿德勒的劝告，跟女儿认错并道歉。母女俩的关系重回正轨，孩子的成绩也逐渐回升。

作为一名医生，当我的工作出现失误时，我也会向患者坦诚认错。很多人认为，医生为他人治疗时万万不可承认自己犯了错误。但人非圣贤，孰能无过，又有谁能掩盖过错？一个会认错和改错的医生才是把患者利益放在第一位的好医生。

之前的内容已反复提到，阿德勒推崇人与人之间平等的关系。亲子间也不例外，平等和尊重是最基本的原则。父母如果总把"我才是家长，你算老几？"挂在嘴边，或老师动不动就摆出"我是老师，你懂什么！"的威严姿态，那么孩子的心中一定是如同泰山压顶般郁闷和窒息。这些虚妄的权威感只能带给孩子委屈和迷茫，对他们的勇气而言则是灭顶之灾。

父母承认自己有过错，其实是一种强化孩子自信的方式。 孩子就会了解，父母也有看走眼、做不到或犯错误的时候。

我们除了道歉，还可以附上"整改措施"，进一步表达坦诚反思的态度。比如："妈妈那样做确实不对，下次我一定好好听你说话。"

第 6 章
孩子受挫时，家长应该说什么

孩子一定要懂得迷途知返的意义，相信亡羊补牢的力量。因为只有会改正错误的人，才能从困境中找到突破口，从而变得更强、更有智慧，勇敢面对并战胜一个又一个挑战。

教孩子分清道理与现实

"朋友听了你这么说，会很受伤的。"

"××真是什么都搞不清，太傻了吧！"

"我再也不想理××了，跟他说话没意思。"

如果听到孩子如此抱怨他的朋友，我们通常会如何反应呢？君子当行为坦荡，绝不窃窃说人坏话。家长听罢孩子的这些吐槽，八成会声色俱厉地教训孩子："你这可就是背着别人说坏话了，大错特错！""你要跟每个同学和睦相处啊，怎么可以这么说人家？"

家长如果抓到孩子话语里的些许不当之处就全盘否定孩子，对孩子接下来要说的具体情形和论据毫无兴趣。那么大人们摆出如此一副见风就是雨的架势，还可能把话说到孩子心里去吗？

"笨"小孩也能上名校

循环往复几次后，孩子就会明白，原来跟父母说话是不能说真话的。在孩子看来，跟父母表达真实感受没有意义，搞不好还会挨骂。他可能会渐渐变得怯懦踌躇，一开口就怕说错话，特别担心招来他人的批评。

但请父母们想想，我们自己小时候难道就没有说过别人的坏话吗？难道就真的跟所有同学都相处友好、一团和气了吗？自己都做不到的事情，在孩子身上也是勉强不来的。

下次再听到孩子表达对朋友的不满时，请先克制一下急于批评孩子的冲动，且听他宣泄一番。听完后再细细跟他分享大人的观点："每个人心里怎么想确实是自己的自由。你有你的想法，没什么不对。但如果在朋友面前也这么说，朋友一定会很难过。有句俗话叫作'恶语伤人六月寒'，意思是不要用语言去伤害他人。你觉得呢？"

道理是这个道理，我们当然有自由思考的权利；但现实也是这个现实，口无遮拦就会伤害他人。家长应该让孩子懂得道理和现实的差距，在实际生活中把握好为人处世的分寸。

当然，我们不能忘记地位平等的原则，哪怕是教孩子区分人际关系中的道理与现实，也不能颐指气使地命令孩子照章做事，或强

第 6 章
孩子受挫时，家长应该说什么

迫他按照大人的思路去理解事情。家长要做的是，用真诚的态度、客观的表述向孩子传递智慧和经验。

等孩子到了小学高年级，能明白一件事情的利害关系了，我们还可以稍带点"功利"色彩地把说坏话的得失利弊分析给他："你在学校如果伤害了朋友，其实真正会招人讨厌的是你自己。'祸从口出'的祸，可是你自己惹的祸哦！"

诸如原则与例外、道理与现实、表象与实质，它们都是辩证统一的，一点点地教会孩子去辨识和实践，一定能让他在将来少走弯路，少吃苦头。

考试是手段，而不是目的

> "做错的题目都弄明白了吗？"

有些父母对待孩子的成绩堪称"喜怒全部形于色"，排名与心跳齐飞，分数与血压则成反比。孩子如果考了高分，父母就换着花样称赞表扬；但当孩子拿回低分时，父母便怒发冲冠，训起来能大半天没有一句重复的。

"笨"小孩也能上名校

父母的"爱憎分明"会让孩子学会察言观色，凡事不敢逆父母心意。久而久之，孩子被塑造得胆怯又敏感，意义何在？阿德勒之所以反对父母极富指向性和功利性的表扬，原因就在于此。

再者，不论家长如何生气，这次的分数也木已成舟。父母若训得太狠，孩子下次反而还可能施瞒天过海之术，干脆不把成绩单拿回家。一旦孩子开始欺骗或隐瞒成绩，那他的学习就更无提升的可能了。

阿德勒看重每个人心中的勇气，鼓励人们直面失败，并从失败中总结教训，实现进步。唯有如此，才是真的有勇有谋能成事。

所以说到考试，成败尚在其次。**孩子最需要做的是通过考试找到自己尚可进步的空间，探索出提升学习能力的方法。**孩子只要在小升初考试上发挥稳定，最后被心仪的初中录取，就可谓是功德圆满、无怨无憾了。在那之前的考试都是体验和演练而已，家长完全无须一惊一乍或忧心如焚。

用一颗平常心面对考试，把它当作前进路上一个颇具提示意味和参考价值的工具便可。分数不尽如人意时，恰恰是反思和发现的好时机。我们仔细分析一下问题在哪里，提分的方法可能是什么，方才不辜负这个工具的使命。

第 6 章
孩子受挫时，家长应该说什么

孩子在考试中失利时，父母不要再劈头盖脸地一顿训斥了。家长要抑制住胸中那股几欲喷薄而出的怒气，把差点就骂出口的话悉数咽回去。当下最要紧的是为下次考试制订适宜的备考策略，让孩子下一次能赢。我们可以请孩子思考："这次考得不好，都有哪些原因？""现在明白该怎么改正这些错题了吗？"

当家长引导孩子去分析问题和寻找出路时，或许就会发现一切答案或解决方法本就藏在孩子心中。当我们尊重孩子的意见，鼓励孩子去思考和探索时，他们才有可能展开想象的翅膀，在精神世界和现实世界中不懈开拓。当孩子为自己的学习找到好方法、好路径时，他自然会甘愿依照这种方法或路径奋起直追。他的学习能力和成绩当然也会得到大幅且持续的提升。

让孩子跌过的每个坑，都变成鲜活的知识

遭遇失败和挫折后问自己：它教会了我什么？

有些家长总摆不正心态，喜欢霸道地予以孩子过度的保护，动不动就把孩子当濒危动物看待："那个东西特别危险，不许碰！""哎呀！你这么走是要摔跤的，马上给我停下来！"于是，在小孩眼中，试错变成了一种罪过，成长变成了一种奢求；生活变得危险、

"笨"小孩也能上名校

压抑，又无聊。

有些底线我们必须守住，没必要明知山有虎，偏向虎山行。但有时候我们其实也知山中无老虎，只是爬山的过程中可能偶尔鸡飞狗跳，或略有擦伤而已。让孩子通过这些小小的慌乱与伤痛，去学习如何把握局面和应对危机，反而有利于他们的成长。**适度受伤也是一种学习，它用活生生的体验教会孩子辨识危险，并不断拓宽自己的能力上限。**

有过切肤之痛，孩子下次又遇到同样的险境或陷阱时，就能三思而后行了。他会告诉自己："这么干可不行，我肯定要受伤，而且很严重。""毕竟安全最重要，还是停手比较好。"

孩子学习处理人际关系时也是同理。父母再怎么苦口婆心地教导："不可以说别人坏话哦！"孩子也可能只是随便听听就罢，内心完全不当一回事。

既然家长说了也是白说，那不如真的就别说。再听到孩子抱怨朋友不好时，我们先不动声色，干脆让孩子去尝尝祸从口出而失去朋友的苦涩体验。这也不失为一种令人刻骨铭心却有实效的教育方法。经历一番自食其果，孩子自然就会懂得怎样才是适宜的沟通，以后就能掌握好评说他人的界限与轻重了。

第 6 章
孩子受挫时,家长应该说什么

孩子跌过的每个坑,都可以变成鲜活的知识,如同指向智慧王国的路标,引导他持续走向正确的人生方向。而且跌倒本身就是反思的契机。在跌倒中思考并摸索出正确的方向也是一个提升脑力的过程,可以强化孩子解决问题的能力。

知识和脑力珠联璧合,如同成长之路上的双引擎,会让效力指数级倍增。

每每跌进一个"新坑",孩子都要在过往知识的基础之上,激活脑力,罗列出多种解决方案。关键是要在这些方案中找到当下最适合的那一个,而这肯定离不开有理有据的分析与比较。而这些能力必将成为孩子今后在职场上见招拆招,有所建树的一串金钥匙。

当孩子下次又遭遇失败时,家长就和他一起反思:"这场失败教会了我什么?"只有当一个人积累了足够多的知识和经验,知道该如何分析与抉择,他才能焕发出昂扬的生命力,从容面对失败和危机,哪怕于风雨中也可吟啸徐行。

"笨"小孩也能上名校

直面问题，不回避、不搁置

> "如果是我们的错，那首先要做的是道歉。"

孩子的江湖也是一样地云谲波诡、波澜壮阔。他也会与好哥们、好姐妹起嫌隙或闹矛盾，严重时可能争吵打斗，把对方整到涕泗横流。闯下此番"大祸"，但凡孩子还愿意沟通，父母就一定要耐心倾听，给足他陈述事实和表达感受的时间。我们不要一听到其他小孩被弄哭了，就立刻拍案而起："这肯定是你的错！"或"这事儿也怨不着咱们啊！"

孩子再是有做得不好的地方，我们也不要急于下结论，万不可管它三七二十一先给他一顿批评再说。把孩子痛骂一顿解决不了问题。

孩子犯错时，家长要跟孩子分析他到底错在哪里，接下来该如何改正或应对。

回到开篇处的案例，孩子若跟朋友之间发生不痛快，还把对方弄哭了，家长或许可以对孩子这样说："你看，××同学哭确实是因为你，那我们首先要道歉。这能让××同学感觉好一些。解决了这次的矛盾，你们才能重归于好。"

第6章
孩子受挫时，家长应该说什么

父母要提供建议，给出解决问题的方法。这是我们需要时时记在心里的育儿原则。例如孩子不小心把果汁洒在桌上时，有些父母会下意识地大喊大叫："怎么这么不小心？！"但怒吼、怒骂解决不了问题，教不会孩子什么道理和方法。

我们完全可以温柔地教孩子去应对这种小小的"危机"，告诉他具体的处理方法："果汁洒了，确实脏兮兮的。不过没事的，赶快用抹布擦干净就好。"当然，永远保持冷静和耐心并不容易，且不是在任何问题发生时，父母都能条件反射般立刻把解决方法教给孩子的。

但我们可以在生活中尽量鼓励孩子去思考，哪些行为可能引起哪些问题，哪些补救措施又可以解决这些问题。比如："你觉得××同学是为了什么才哭的呢？""原来是你想读她的书，于是就直接拿走了啊！那你为什么没有跟她好好说呢？""即使想读别人的书，也不可以直接拿走。以后再遇到这种情况，你可以带上自己的书，看看××同学愿不愿意交换着读？"

这世界其实没那么多覆水难收或无可救药。但凡抽丝剥茧地分析事实，抓住真正的根源，就一定能解决问题。

第 7 章

于深渊中赐予孩子
向上的力量

阿德勒心理学
给育儿的启示

每个人活着都是为了追寻心中的目标。我们要多跟孩子聊梦想，聊心中和远方的光与希望。

孩子未来的目标是什么？

阿德勒心理学有一个核心的理念："**每个人活着都是为了追寻心中的目标。**"正因为有了目标在前方指引，我们才无畏山高水长、旦夕祸福。

但万一孩子迷失了方向，走上了歧途，又该怎么办呢？**孩子会走上错路，那是因为他之前的目标没选对**。如果孩子能找到一个适合自己能力与兴趣的目标，他一定会欣然奔赴。

父母能做的和该做的就是帮助孩子找到这个目标，用我们的经验智慧引导孩子在迷途中找到出口，于困境中把自己拉起来，向前进。

我们要多跟孩子聊梦想，聊心中和远方的光与希望。"将来你想干什么呢？""你觉得什么样的人特别厉害或特别幸福啊？"

问问孩子，他梦想中的职业是什么。一起聊聊，为了他将来真的能进入那个行业，找到那份工作，现在的他需要做什么样的准备。

家长与孩子反复聊、耐心聊、时常聊……聊通透了，孩子自然能清楚自己真正想要的是什么，也自然能找到属于自己的目标与道路。

自己找到的目标，才是真正的目标，而非他人强加的任务或压力。孩子看到了目标，接下来就只需为此合理规划时间，并竭尽全力一搏了。

本章关注的问题是，在孩子形成人生观与职业观的过程中，家长应该如何帮助他，应该如何说。

第 7 章
于深渊中赐予孩子向上的力量

拯救深陷霸凌的孩子

> "妈妈和爸爸永远站在你的身后！"

考上滩中学后，我如一头退休的老牛般松懈下来，刻苦、奋斗仿佛昨日云烟，所有进取心与自制力都"解甲归田"。我终日懒散，游手好闲，全无学习的意愿。

备考滩中学前，学校的老师总用黎明前最后的黑暗来激励我们，似乎人生就在此一搏，搏完便可躺平："如果你能考上滩中学，那东京大学就是囊中之物了！所以现在玩命坚持一下，咱考上滩中学就好！"上岸滩中学后，我如释重负，但也突然空虚迷茫起来：我的目标何在？接下来何去何从？显然，我已然被燃尽症候群击垮。

"笨"小孩也能上名校

在高手如云的竞争中，稍一懈怠，成绩便会急转直下。入学时我排名尚在第五，但眨眼之间就滑落到了"中等偏下"的水平。与此同时，我们班有些同学却如拼命三郎一般，初一期间就学完了整个初中所有的内容。待我大梦初醒时，与其他人的差距已是天悬地隔。只能悲叹时不我待，难以追及了。

学习上一败涂地，毫无亮点，运动方面更是脚慢手笨协调力差。这样的我，自然成了校园霸凌的"完美"对象。

我的校园生活一度写满窘迫和惊恐。犹记得有一回，我被塞进一个大垃圾箱，盖子被锁住，任我如何声嘶力竭地喊叫求救，也没人来捞我出去。滩中学本来就学风散漫，教室里有人缺课是常态。少了我一个，老师根本不以为意，更别说花力气去搜寻解救了。

还有一次更夸张。我居然被人用柔道服的腰带捆起来，从三楼的窗户外吊着往下降。当时的我是如何逃脱掉的，现在已经无从忆起了。

虽然我在学校里过得命悬一线，但回到家却无法跟母亲敞开心扉，彻聊此事。那时的我只得独自背负着青春期的黯淡与伤痛，孤苦地熬过一天又一天。阴霾中唯一的慰藉就是"受害者联盟"。是

第7章
于深渊中赐予孩子向上的力量

的，我们这些被校园霸凌的人也有自己的圈子。

相信还有很多孩子和我一样，被霸凌后不能、不敢或不愿与父母交流。这告诉我们，**父母在平时要多花心思，给孩子创造放松和互信的沟通氛围。常常告诉孩子："我们相信你，妈妈和爸爸永远站在你的身后。"**

如果孩子遭遇了性质恶劣的欺辱，家长一定要向学校和教育委员会反映。但家长如果判断问题并不严重，尚无须上报或投诉，则可以给孩子注入勇气，鼓励他振作："你没有必要强迫自己和每个人当朋友，有人不喜欢你就不喜欢呗！咱们专心学习，在成绩上战胜对手才是真的强大！"

理想一定要有，因为它真的可能实现

> "你长大了想做什么呢？"

对于未来，越来越多的孩子正在变得困惑、麻木。他们不关心自己有无特长，也不在乎将来要从事什么职业。而这种漠不关心与淡然处之，很可能是孩子内心深处对挑战和责任的消极逃避。

"笨"小孩也能上名校

阿德勒认为孩子要有远大的目标，而不应该在混沌中得过且过，全然不知自己想要和想做的是什么。**父母可以时常启发孩子去思考"将来我想做什么？"然后告诉孩子，接下来要进行哪些训练才好。**孩子们由此调整策略，规划时间和资源，提升能力，逐步准备。前文提到过阿德勒是目标学说的坚定支持者，因此刚才论述的这种引导方法也是他教育理念的重要组成部分。

如果孩子对自己将来想要从事的职业没有半点判断，心中尽是模糊混沌的概念，父母可以给出一些提示。例如："医生可以救死扶伤，你想成为一个医生吗？""律师可以维护弱者的权益，要不以后当律师？"

但期待再高，也只可点到为止，即使父母自己心有所向，亦不可强加于人。最终的决定当然是要由孩子自己做出。如果不尊重孩子的意愿，那么大人心中闪闪发光的舞台，也可能沦为"汝之蜜糖，彼之砒霜"。

如果实在是找不到具体的职业列表供孩子比较和选择，我们也可以让孩子广泛地阅读名人传记。至少让孩子懂得，任何成大事者都经历了一番磨难甚至是"涅槃"。临渊羡鱼终不如退而结网，而且坚如磐石的信念定能撞碎南墙，破了心中的楼兰。人生的战场上，英雄终会凯旋。

第 7 章
于深渊中赐予孩子向上的力量

例如诺贝尔物理学奖获得者汤川秀树博士就从不满足于现状。他像一个追寻知识与信念的苦行僧，永远行走在探索新知与真理的路上。获奖后的他依然勤勉研究，奋战在科研第一线。

汤川秀树曾说："我们不要以为自己已经知道了足够多的定理、真相、事实。所有给定的答案都有可能是错的，因为真理本身就是浩瀚无穷又无限演变的。"

诺奖得主尚且不懈求索，不拘于权威或陈规旧识，相信这些故事一定能在孩子心中激起涟漪阵阵，引来回响无数，让他们在思索自己的未来时有方向、有决心。

大量阅读名人故事、伟人传记之后，孩子便可能自发地找到了自己的理想。他或想从医，或想走上科研之路，都未可知。

一旦孩子知道梦想正在哪里等待着他，他就能忠于理想和自我，策马扬鞭，全力以赴。

"笨"小孩也能上名校

学习是一件光芒万丈的事

> "考上东京大学，真的太帅了！"

孩子的心很像一块海绵，总在吸收着父母言语中有意无意间传递的价值观。

小时候，我父母会时不时地跟我们兄弟俩念叨："那些学习好的人真是太酷了！"下面这个真实故事就能让人稍稍理解一下，我父母心中对学习有着怎样纯粹而虔诚的崇拜。

父亲家族里有个亲戚，他的三个儿子全部考上了东京大学，这家还有一个女儿，念的是知名的御茶水女子大学。他们的父亲更是不遑多让，曾是法官，后又进入大学成了一名教授。

表面上这个学霸之家是风光无限，但背地里亲戚们的评价却是："孩子考不考得上东京大学其实无所谓，但做人可不能像他家那样奇葩，要不然这辈子真是白活了！"

这家父亲的人设堪称"目中无人界"的霸主。他自大，目空一切，看不起所有人，与之相对的是其他人也对他不齿。家族里日常的人情往来，这位大教授是一概不理。有时他甚至连门都不开，让

第 7 章
于深渊中赐予孩子向上的力量

拜访他的客人碰一鼻子灰。如此鼻孔朝天、功利凉薄之人，自然对我家也没有半点好脸色，多年来是极尽无视之能事。我们终于能让他"龙颜大悦"，开恩得以一见时，是在我考上滩中学之后的事了。

但我父母不管这些，每每提起这位大教授亲戚时，他们依然会说："兄弟三人全部考入东京大学，太帅了好不好！""咱们跟他家可是一个家族的，那你们兄弟俩的基因也差不了啊，绝对都是学习的好苗子！"

在我们面前，父母就如此每天满眼冒星星般崇拜着满门名校的传奇家庭。这其中肯定也夹杂着父母心里对我们隐隐的试探与渴盼。

在经年累月的耳濡目染中，父母的殷切期盼已被深深刻入了我们兄弟俩的心中。他们"学习就是帅，读书就是高"的价值观自然而然地成了我们自觉走向书桌的动力。

故事的最后，我们兄弟俩用默默的勤勉与坚持换回了各自的东京大学录取通知书。试想，父母如果动不动就说："考名校算什么？还不如当流量明星来得帅！"那他们的孩子无心向学或许也在情理之中。

既然我们希望孩子勤奋学习,那就要表里如一、言行一致,常告诉孩子:"真正的帅不在于发型、衣着如何,而要看你能给学习投入多少时间和心血,因为**学业有成才是最高级的帅。**"

目标是引领人前行的光

> "医生真是一个有意义的职业!"

人一旦感到绝望,思想就容易跑偏。进入中学后,我受尽欺负,满心奔涌着无处宣泄的不甘与愤恨。高一的我突然找到了"人生的方向",长大后要当黑社会团伙的辩护律师!

在我稚嫩又骄傲的想象中,长大后的自己当上了黑白两道通吃的律师。我带着一众满脸横肉、杀气十足的弟兄们,找到了当初霸凌我的几个同学。好一个沧海桑田!四目相对,物是人非,我已能携胜者的微笑与豪横的气场把对方吓得心梗在即。我的笑里还带着两分凉薄、三分鄙夷,以及五分"现在知道错了吗?"的霸气。这些空想给了我极大的舒适与平静。不过它们充其量只能算是我自我疗愈的心灵安抚,当不了真正的人生目标。真正的目标不应该是为了给我解气和过瘾的,而应该是能激发出我的学习热情、让我主动去埋头苦读的。

第 7 章
于深渊中赐予孩子向上的力量

高中二年级时,真正的人生目标终于登场,与我撞了个满怀。

我要当电影导演。就在这个梦想闪现的电光石火之间,我的胸中燃起了熊熊烈火般的学习欲望。

阿德勒教育理念

> 当孩子的行为出现重大问题时,去深挖事实、追究责任,有时甚至发现孩子原来是受到了原生家庭的虐待,其实都已于事无补。此时要做的是把目光放在"当下"和"未来",看看什么方法才能更好地纠正那些不当行为和激励孩子。

当一个孩子心中有目标时,他就能找到前进的方向,并依此来指导和调整自己的行为。但这个目标应该由他自己发掘,是他的特长与兴趣所在,来自他寻寻觅觅千百度后,蓦然回首时的一腔激情:"我喜欢这个行业!""我想做这份工作!"

父母要做的就是不打扰,让一颗心自由地奔向它的彼岸,于喧嚣吵闹的万千世界中收获那份独属于它的淡泊或荣耀。当孩子找到了人生的方向,我们应该默默守候、全力支持,成全他跨越山海、

"笨"小孩也能上名校

奔赴理想。

来看看我自己的实例。我的性格里略带注意缺陷与多动障碍的色彩，如果接受精神科医生的诊断，我八成会被确诊为阿斯伯格综合征患者①，所以生活中的我容易给人留下自大嚣张的印象，总是跟同学发生矛盾，动不动就引得同学怨声载道。我这副行止让父母着实无奈，他们断定未来的我无法进公司当个普通打工仔，便鼓励我做个靠技术为生的人："以后你只要考下来某个领域的专业资格证书，就能有口饭吃了。""医生也好，律师也罢，都可以！"经年累月地听下来，这些话的影响日益加深，直至今日仍萦绕在我的心头。

孩子如果实在是找不到任何灵感，一时间对什么工作都没有兴致时，父母也可稍加引导。我们真的希望孩子当医生，就可以向孩子介绍医生这项工作的意义所在："医生的职责是救死扶伤，他们从死神手中拯救生命，太酷了！"

当孩子两眼放光地想"这个工作不错，我以后要做！"时，他就能产生澎湃的勇气与热情。而为孩子注入勇气，就是父母崇高的使命。

---

① 阿斯伯格综合征又被称为"没有语言障碍的孤独症"，一般说来其患者没有智力缺陷，甚至智商超常。但他们可能缺乏同理心，动作不协调，社交能力较弱。——译者注

第 7 章
于深渊中赐予孩子向上的力量

大大的梦想需要大大的空间

> "东京大学至少是个不错的起点。"

高中时，我满腔鸿鹄之志，一心想当导演，但最终报考了医学院。

我想得很明白。各大影视公司已不再面向社会招聘导演助理了，大学毕业新生很难通过普通的求职途径入行。要想直接执导电影，以我的经济实力又无异于天方夜谭。

于是医生成为一个进可攻退可守的选择：既能获得丰厚的收入，以便快速筹集到拍摄电影的资金；又能在导演梦碎后，给我一个保底的饭碗，让我活下去。对于我来说，当了医生，才可以继续去逐梦演艺圈。所以，想当导演，就先得成为医生。

心路历程我没有藏着掖着，曾向大众坦白。但结果是被千夫所指，引来如潮骂声："你把医生当成什么了？这个职业就只是你做导演的铺路石吗？""如果一个医生只是为了'赚钱'才进入医疗行业，那你看病还敢找他吗？"

事实是，钱真的很重要。绝大多数人并不是天生就口衔一大笔足以逐梦的财富来到这个世界的。一个为了钱才考上医学院的孩子依然可以是个好孩子，依然有可能邂逅优秀的医学教授，然后在老师们的指导和鼓舞下成为一名杰出的医生。不论医学生们最初的动机有多"歪"，医学院的教授们都有责任把这些孩子"拉回正轨"，并使其成为优秀的医生。

再长的路，都需要我们亲自走好每一步，所以只能是孩子自己做出人生选择。父母能做的是尽可能帮助孩子多做准备，扩大孩子的选择范围，避免他们的人生之路越走越窄。父母可以说："如果你以后能从东京大学毕业，就有机会进入更多行业，而不会受学历限制了。"

让孩子明白当下的努力与明天的选择之间是强相关的，助推他们自觉地用学习换取未来的空间吧。

把命运的线抓在自己手里

> "世界一直在变，也将一直变下去，当下的主流不见得永远正确。"

直到20世纪90年代初期日本泡沫经济崩溃前，在大众心目中，

第 7 章
于深渊中赐予孩子向上的力量

"有钱人"都是一个负面形象。漫画中的富豪大多是虚伪浮夸的人设，生活中那些珠光宝气满身奢侈品的暴发户，引来的也不是众人的崇拜，而是鄙夷和不屑。

我念高中时，哪怕是创业成功的企业家，也对子女的学习极其关注，高度投入。在他们心中，学业有成比家财万贯更有价值。

但世事难料，眼下的日本社会却对"有钱人"顶礼膜拜，处处涌现着露骨的吹捧与追随。走进书店，常常可以看到《如何成为有钱人》之类的书堂而皇之地摆放在醒目的位置，让读者朋友们触手可及。

钱成了一切愚昧和粗鄙的遮羞布，哪怕教养扫地、学识浅薄，有钱人也满不在乎，更不会感到难堪或羞愧。时代的车轮咆哮着驶过，带着大众的价值观东奔西走，时而让人目眩神迷，时而让人目瞪口呆。而于万变中不变的，果然还是"一切都会变"的道理。

阿德勒曾说，一个国家的理想再宏大，也有被革命扭转甚至倾覆的时候。理想不是一种绝对的存在，它也要接受锤炼和考验。没有什么理想能永远屹立不倒。

所以一个人即使现在财富自由、无拘无束，也不代表他就能永享安宁，还能让富贵世代延绵。

那些总是随大流的人容易患得患失，生怕错过任何一波"时代的浪潮"。但疲于奔命中，他们只沦落为巨浪间的一朵小水花，于潮起潮落中被动地生灭聚散，在大流的裹挟下苟延残喘。因此，**重要的不是被动追随，而是主动适应**。心中有坚定的目标，再辅以灵活的进退方略，才能外圆内方，守住底线与原则，于大势的起落反转间岿然不动，或徐徐图之。

家长可以换着角度提醒孩子世道变化的必然性，以及我们正确的应对态度："咱们要常常有新办法、新思路才好，因为没有什么做法是可以一劳永逸的。""课堂学习的内容其实也有局限性，并非绝对正确，我们要有自己的思考。"

父母踩过的坑，当然要提醒孩子

"你现在不努力学习的话，将来会怎样呢？"

有一种观点非常流行，市面上很多育儿书都提到过："不要对孩子说'你要是不好好学习，就会像爸爸这样没本事'，这种话有

第 7 章
于深渊中赐予孩子向上的力量

损父亲的尊严。"

我家则恰恰相反,我从小就听母亲说:"爸爸就是被学历'卡了脖子',这辈子都没什么作为。你们要是不想走他的老路,就一定要好好学习。"

当时的社会比现在更加崇尚学历,人们相信"学历高就能找到好工作,学历低就找不到好工作,甚至压根就没工作。"我父亲没有毕业于知名大学,他出人头地确实比别人晚了一些。所以母亲誓要逆转我们兄弟俩的命运,一定不能让学历卡我们的脖子。

进入东京大学后,我发现周遭同学的家庭教育风格其实很不一样。当然有很多人和我类似,从小被父母警告"不要像爹妈这样无能",于是发奋苦读逆袭上了东京大学;但也有很多人一直就尊敬崇拜自己的父母,在家长的示范与引领下长大成才。

所以,能否提及父母的学历之伤,答案并不唯一。孩子的性格与价值取向不一样,他们对父母的判断和诉求也各不相同。有的孩子愿意把父母当成榜样,但也有孩子不愿再步父母的后尘。

家长要根据孩子喜欢的沟通方法来选择话术。对有些孩子来说,父母口中的"好好学习,你就不会像爸爸这样了"其实是一种很有效的激励，而非冲击或威胁。

重要的是，父母要有真诚的态度和表里如一的立场。日常生活中，我们切不可为了引导孩子而去撒谎或掩饰自己的过往。

比如一个母亲明明看不起自己的丈夫，处处鄙夷轻视，却总对孩子说："咱家爸爸真了不起啊！你也要努力哦！"孩子一定能识破母亲的言不由衷，只会觉得自己被欺骗愚弄而已。这种强行吹捧还是不吹为妙，要不然发力不当，会适得其反。

但我们如果对孩子说："将来你千万别混成爸爸那个失败的样子！"也太过粗暴了，确实缺了些分寸和尊重。我们可以更温和、客观地跟孩子交流："其实爸爸的工作能力并不弱，但因为他学历不够高，所以很辛苦。因此咱们要吸取这个教训，好好学习。你以后不要再吃学历的亏就好。"

未来的竞争还会更加残酷，仅有个文凭却没有靠得住的工作能力，一样生存不下去。**孩子们需要了解他们未来将面对的是怎样的世界。**

第 7 章
于深渊中赐予孩子向上的力量

偶尔的消费升级可以激发出奋斗的动力

> "咱们这次坐高铁的商务座吧!"

我相信仓廪实而知礼节,衣食足而知荣辱。一个孩子如果有过被"富养"的经历,他的心灵会更加饱满和充盈,对待弱者也更富同情心。

常有人说:"在娇生惯养中长大的孩子脾气和性格肯定不好。"但在贫瘠和压力中憋屈长大的孩子其实也好不到哪里去。他们容易否定自我,在挑战与困难面前更容易绝望、放弃,这其中当然也有例外。

在有些父母心中,小富即是安,躺平就是福。但凡食能果腹,居有定所,便别无所求。这没有错,不过我还是建议大家在条件允许的情况下让孩子不时地体验一下被"富养"的感觉。我口中的"富养"并不是醉生梦死、挥霍无度,而是在平凡生活中时不时给自己的消费升升级,比如每年出去旅行一次、偶尔全家外出吃顿大餐……

在孩子眼里,如果外出吃饭就是去快餐店吃便宜的快餐,或是去吵闹拥挤的回转寿司店吃便宜的食材,永远不知高档寿司餐厅为何物,孩子对更有品质的生活就没有概念,当然也不可能生出为此

"笨"小孩也能上名校

而努力学习，终有一天要实现"高端寿司自由"的念头。

阿德勒教育理念

> 人性中本就有追求卓越和超越他人的渴望，激活并成全孩子心中的这种渴望是父母的职责之一。

所以**在能力范围内，父母偶尔动用一下家庭积蓄，让孩子体验一些高级消费，其实对育儿来说别有一番功效。**孩子可能因此打开眼界，不禁在心里默默地对自己说："这样的生活真好，我以后就要过这样的生活。所以现在要加油学习！"孩子不仅一饱口福或眼福，还找到了努力的方向，获得了力量，可谓一箭多雕。

父母也不用打肿脸充胖子。这些体验只是为了让孩子感受到我们的爱，让他看到生活的其他方式和层次，但绝不是为了炫耀给别人看。所以我们在家庭经济条件允许的前提下，让孩子坐一次高铁的商务座，或者吃一次高级餐厅便已足够。

比如，孩子一旦体验过商务座，就会发现这里的环境与普通车厢大不相同。商务座里有更宽敞的座位和更安静的氛围。周围乘客通常都在阅读书籍或办公。大人们专注的眼神与投入的姿态，让车

第 7 章
于深渊中赐予孩子向上的力量

厢里充盈着一股奋斗的氛围，令人不忍打扰。孩子就会明白："商务座的这些乘客都是努力上进的人。"

一代人有一代人的舞台和目标，父母也不用为自己暂时的窘迫感到抱歉。我们可以创造机会让孩子看到另一种可能，并对孩子说："咱家现在不算富裕还不能经常享受这种生活，但经济更优渥的人确实可以每天都过这种生活。如果你喜欢这种生活，那么现在努力也不晚。好好学习吧，以后你就能心愿成真啦！"

爸爸的角色很重要，千万不能缺席

"跟爸爸去散个步好不好啊？"

孩子如果实在是讨厌学习，妈妈该怎么办？

阿德勒教育理念

爸爸需要与孩子共享亲子时光，时不时带给孩子一些欣喜，比如星期天单独带孩子出去散步、散心。育儿中不要忽略了爸爸的作用。

"笨"小孩也能上名校

当妈妈苦恼于无法跟孩子好好交流时,问题也可能出在母女/母子之间的互动太多了,关系太过紧密了。此时双方各退一步,稍稍拉开一段距离才是正解。

很多家庭里,妈妈都是育儿的主力军。她们陪伴孩子的时间压倒性地超过了爸爸。但关系太亲近有时也容易出问题。这样的情况下,说不定爸爸才更能让孩子放松,打开心扉。爸爸简单的一句"学校里有什么新鲜事儿吗?"或许就能让孩子打开话匣子了。

虽然平日里孩子跟爸爸的沟通不如跟妈妈的多,但也正是这份疏离让爸爸的判断更为客观和冷静,不至于被其他事情或因素牵扯。所以,如果家里的育儿主力是妈妈,那就不妨时不时地让爸爸发挥谈判专家和知心老爸的作用。爸爸一有时间便可邀请孩子出去走走,散散步也交交心。

我明白很多妈妈陷入了"丧偶式育儿"困境,面对甩手掌柜一样的丈夫,妻子只能努力催促:"你是爸爸,你也要多管管孩子。教育孩子不是我一个人的事啊。"

妈妈与孩子爸爸沟通时,先不要把重点放在自己有多累、多不容易上,而是要告诉爸爸:**"孩子的成长离不开父亲的陪伴和引导,你的参与非常重要。"**听妈妈这样说,不论爸爸的工作如何繁重,

第 7 章
于深渊中赐予孩子向上的力量

他都无法推脱育儿的责任了。

我要反思自己。因为有段时间我居然也觉得:"妈妈一个人就能带好孩子。在育儿方面爸爸的作用并不重要。"

很多妈妈都希望即使自己不说,丈夫也能自觉地发现自己在育儿上的失职,并主动担起责任,回归父亲角色。但其实一旦发现问题所在,妈妈们就无须忍耐或等待,可以直接义正词严地跟丈夫说:"你是爸爸,育儿上你不能缺席,我们需要你。"

妈妈可以明确地告诉爸爸需要他做的事情,指令越具体越好: "星期天,你带孩子外出散散步吧。""你去问问孩子,学校最近都有哪些新鲜事儿啊。"

第 8 章

也许会失败，但绝对不认输

阿德勒心理学
给育儿的启示

帮助孩子重拾自信，就是在给孩子注入勇气。

一击即溃，还是
百折不挠？

孩子的抗压力是弱还是强，须在逆境、险境、困境中才能见分晓。

孩子可能时而被同学疏远，时而跟好友干架，时而在考试中一败涂地……不论遭遇什么打击，百折不挠的孩子总能擦干眼泪、仰起头来，告诉自己："稳住！问题不大。""我搞得定，不用慌。""有问题就解决问题，没什么好怕的。"

在这些孩子心中，再大的挫折都只是成长路上的小打小闹，不足为惧。逢山开路，遇水架桥罢了。

能做到百折不挠，本质上是因为内心有足够的安全感和归属感，也就是阿德勒倡导的"共同体感觉"。而孤独和焦虑是成就不了这豪情万丈与举重若轻的。

有了共同体感觉，哪怕孩子与朋友偶有矛盾，双方也不至于一点即炸，说出或做出覆水难收的事。

共同体感觉给人以归属感和自信，它体现在：

- 哪怕偶尔对朋友口不择言，话语间失了轻重，彼此也还是朋友。
- 不用逼自己和每个人都那么亲近，也依然被认可，是这个集体的一员。

父母要时常向孩子表达："你没有做错什么，放心吧！""你无须为了他人而改变，做你自己就很好。""什么都不要怕，你没有问题。"这样的鼓励和肯定是孩子敢于做自己的基础，是他内心强大的必要条件。

另外，阿德勒也重视竞争的作用，认为获胜的体验可以进一步强化自信。打败对手时的荣光与骄傲，会让人昂首前行，追求更大的胜利。而败给对手时的不甘与失落，也能激发出强烈的斗志，同样推动人在下一次竞争中勇争上游，力求反败为胜。**这种不论输赢都能昂扬奋进的姿态，就是健康的竞争状态。**

本章将探讨如何帮助孩子打造强大的内心，让孩子百折不挠。

第8章
也许会失败,但绝对不认输

变自卑感为奋进的精神

> "别担心!现在这种情况下,你输了也没关系。"

第1章曾提到,随着自卑感的不断累积,它可能会让人彻底认识不到自己的价值。此时,人就可能会产生"自卑情结"。

阿德勒认为,自卑感很常见,几乎人人都有,但一定不要任由自卑感恶化为自卑情结。

孩子的内心往往比大人更加敏感脆弱。不论什么项目,只要与周围朋友一比,孩子没占到上风,就可能大事不好。些许的不足都有可能击溃孩子的自信,让他全盘否定自我。阿德勒说,家长如果想要把孩子从这种失落甚至绝望中拉出来,就必须让孩子找回自

"笨"小孩也能上名校

信。**帮助孩子重拾自信，就是阿德勒心理学常说的给孩子"注入勇气"。**

讨论孩子的发育与成长时，我们绕不开的一个话题就是出生月份。我发现出生在2月、3月的孩子似乎比那些4月、5月出生的孩子学得更吃力，跑得更慢，连语言表达能力都更弱[1]，因此那些在2月、3月出生的孩子好像更容易产生自卑感。

这些孩子看起来是输在起跑线上了，但父母千万不要去否定这些差距，不要去强行扭转他们的自卑感。我们要做的是把自卑感变废为宝，让孩子渐渐逆转局面，反败为胜。孩子可以承认："现在的我确实输了一头。"但重要的是他要相信："未来的我可以赢！"

父母的鼓励或许可以给孩子黯淡的内心世界劈开一道光，让孩子振作："你比那个孩子小了近一岁[2]。现在这种情况下，你输了也没关系。""一年以后的你，一定比他强！""你的算术比他还强呢，

---

[1] 有人认为如果孩子是在4月或5月出生的，排除早产等特殊情况，大约是在前一年的7月或8月怀上的，此时正值夏末秋初，孕妇食欲不易受影响，营养补充也更全面，有助于胎儿的大脑发育，孩子会更聪明。——编者注

[2] 日本的学校的入学时间是在每年的4月，在该年4月或5月出生的孩子赶不上当年的入学招生，因此同级的学生中如果有人是4月或5月出生，一般是比2月、3月出生的孩子年长一岁左右。——编者注

第 8 章
也许会失败，但绝对不认输

现在就赢过他了！所以你很厉害的，不用担心。"

很多时候，父母总是把目光放在孩子的弱点上，想像打地鼠一样把弱点各个击破，然后打造一个"完美小孩"。殊不知，**事半功倍的做法其实是关注孩子的强项**：但凡孩子有做得好的地方，我们就大力表扬；而那些暂时没有优势的项目，就随它去吧。要记住，胜者恒胜。在优势项目上持续进步和获胜，才能激发出强大的自信来，让孩子的内心更强大。

内心强大的孩子才能百折不挠。他们在逆境中依然斗志昂扬，自信从容。哪怕腹背受敌，他们也能淡定应对："这很正常，不用慌。""东边不亮西边亮，别的地方咱们再见分晓！"

遇到压力，就是要发泄和倾诉

> "其实被霸凌的往往都是性格好的孩子。"

有个现象听起来可能匪夷所思，但它确实存在：内心强大的孩子常常会愁眉苦脸地倒苦水。

想想看，那些被霸凌后无处倾诉也无人倾听的孩子能怎么办

"笨"小孩也能上名校

呢？不过是一个人默默舔伤，在忧郁中耗尽自己的心力与灵气罢了。最后他只能如一段燃尽的蜡烛般轰然崩溃，或化为一摊冰冷坚硬的蜡浆，哀莫大于心死。他们干脆拒绝上学，严重时甚至会做出极端的傻事。

对于孩子来说，家就意味着信任与关怀。不论孩子遇到什么困难或烦恼，父母随时都做好了倾听和陪伴的准备，这样才是给孩子营造了一个健康而友好的家庭环境。

那么我们应该如何打造这种环境，让孩子需要时就可以放松交流，放肆倾诉呢？

答案就是完全地接纳孩子。面对孩子的任何问题或困惑，父母都不否定，不打压，不嗤笑，不推脱。肯定他的感受，承接他的情绪，坚定地站在他那一边，为他思考和筹划。

如果孩子回家跟父母分享了自己遇到的困难，我们千万不能火上添油。

不要刺激他或逼迫他："被人欺负可就等于你输了啊！给我振作起来，报复回去！"

第8章
也许会失败，但绝对不认输

不要责怪他："被霸凌是挺可怜的。不过老话说，可怜之人必有可恨之处，你是做了什么才让人家这么看不惯你的？"

也不要过度担心："什么？有人霸凌你？太辛苦了。好可怜啊……"大人一慌，孩子就更绝望了。他会觉得跟家长反映问题没有意义，只能把父母拖下水，让大家一起担惊受怕而已。

父母平时就可以常跟孩子聊聊该如何去理解霸凌现象，让他明白："其实，被霸凌的似乎往往都是性格好的孩子呦。想想看，好孩子怎么会去欺负人呢？当然只有品性恶劣的坏孩子才会总是霸凌别人。而为人正直，性格和善的孩子大多有过被霸凌的经历。你看爸爸小时候也是被人霸凌过的，所以爸爸才懂这其中的道理。"如果孩子事先进行过这样的心理建设，那么万一不幸遭遇霸凌，他也不会觉得是自己的问题或有压力，能放松心态跟父母汇报并讨论情况。

要点就是，**父母应该尽量控制好情绪，不要让自己的焦虑不安过于外露，也不要把自己的需求或想象强加给孩子。**

家庭是孩子人生旅途的第一站，父母是孩子在这个世界上最初的好友。我们必须用纯粹而极致的信任，去接纳与融化孩子的不安，消解孩子的恐惧，让孩子有话可以直说，难受时愿意转身依靠。小学阶段，父母就是他最亲密的伙伴。从初中或高中开始，孩子才有可能在家庭以外找到新的挚友沟通交流，互相依靠。

我们要做孩子坚实的后盾，让他相信不论遇到什么事情，父母永远站在他这一边。

思维能力的培养也需要循序渐进

"解不出来就别逼自己了，看看正确答案吧。"

目前日本的教育存在一个大问题是，我们对孩子总是在超前要求、过度要求。其实很多知识根本就不是未成年人需要或能够去掌握的。

一个典型例子就是2020年开始实施的大学录取制度改革。这个改革废除了过去的统一高考制度，引入了所谓的"新高考"，或许还将增设开放式问题。教委给的解释听上去冠冕堂皇、无懈可击："过去的教育偏重于知识点的记忆，考察的是学生的背诵能力。今后我们要鼓励学生独立思考，考察的是思维能力。"

让我们先从这场思维狂欢里脱身出来，冷静看看全球的总体教

第 8 章
也许会失败，但绝对不认输

育形势。大多数国家都选择在初等和中等教育阶段实行扎实的基础知识教育，让学生对各科知识进行广泛而系统的积累。等到了高等教育阶段，他们再鼓励学生运用已经掌握的知识去反思、质疑、批判，提高他们的思维能力。而日本却要放弃这个战略，把原本该大学时期才培养的能力提前到了中学阶段。

提高思维能力固然重要，但也不能揠苗助长。如果只是逼孩子"好好思考，通过思维能力把这些算术题解出来"，那么大多数孩子肯定是脑仁想炸了也想不出来，然后对算术产生深深的自卑感。

这种时候不妨对孩子说："现在解不出来这些题目很正常，别逼自己了。看看正确答案吧！只要咱们学会了正确的方法，下次不就会做了吗？"

这样做孩子对算术的恐惧和厌恶才会消减几分，也才有继续做下去的欲望。**循序渐进地学习，慢慢提升能力，才是教育应该遵循的方针。**

别把孩子当机器人养

"其实换个说法,别人更听得进去哦。"

除了教育制度以外,日本教学内容在思想品德方面的要求也十分激进和超前,全然不顾孩子成长、发展的客观规律。

2018年起,所有日本小学都把"道德品质"列为正式的教学科目。2019年起,中学也开设了同样的课程。这门课程的开设契机是2011年的一个恶性霸凌事件,它带来了悲剧性的后果。于是政府认为,只要加强学生的道德水平建设,就有助于抑制校园霸凌事件的发生。

道德品质课的课程内容包括:

- 不说朋友的坏话。
- 不孤立或疏远同学。
- 和每个同学都友好相处。

老师有板有眼地教,还给学生们评分。但这种教学真有效果吗?孩子们可能听得进去吗?这就能减少校园霸凌了吗?

第8章
也许会失败，但绝对不认输

当霸凌引发悲剧时，就是犯罪行为了，必须受到法律的制裁。但除此以外的很多行为问题，则更加复杂和微妙，无法一言以蔽之。绝不是靠老师们照本宣科地讲解道德品质课上的知识点就能解决的。

孩子的成长是分阶段的，不同的阶段会有不同的经历和体验，也会有不同的发展任务以及亟待解决的问题。有些错误在他的成长过程中或多或少都会有所涉及，比如说朋友坏话、说狠话、说下流的话、说带着满满的优越感的话……这些都是成长路上绕不过去的坑，可以说是从儿童到成人的必经之路。

孩子说了别人的坏话，迟早会被人发现，然后被疏远。他尝过了失去朋友的滋味，就会懂得祸从口出的道理，便会记得说话之前要三思，不要逞一时口舌之快。这就是成长过程中会慢慢学会的道理。

大人可以从旁提示："我知道你的感受，明白你想说什么。但换个说法其实就能显得更有智慧，也更成熟。别人更听得进去，还不会伤害到别人。"总之，我们不要劈头盖脸地批评孩子，只需分享我们的建议即可。

偶尔的争强好斗和口无遮拦本就是孩子的天性。我自己当年也是一腔热血，一心求胜。但真的到了二十多岁、三十多岁时，我自然已经踩过了很多坑，在生活的磨砺下懂得了许多道理和教训，于是心态逐渐趋于平和，性格渐渐变得圆润。所以看到孩子偶有些无伤大雅的行为问题时，妈妈们大可放宽心，静待花开就好，孩子的成长不必争朝夕之功。

舞台那么多，何必绝望那么早

> "输了肯定不甘心，但下次就该咱们赢了！"

对输赢敏感并不是一件坏事。一个人在落败时有蚀骨灼心般的不甘与不服，才可能为了下一次的赢去竭尽全力，甚至肝脑涂地。他才可能会强烈地渴盼赢，毫无保留地追求更高、更强的状态。

不幸的是，当今的日本孩子却生活在一个大温室里。他们身边的竞争氛围之弱，与我们这代人小时候不可同日而语。竞争似乎已经变成了一个贬义词，处处被限制甚至打压。在这样的情况下，父母就更需要以身作则了，大人先不要抗拒或畏惧竞争，孩子才可能理解并拥抱竞争。

很多孩子从小没有参与过硬核的竞争，在和风细雨中惬意地长

第 8 章
也许会失败，但绝对不认输

大。但这个社会教训人或抛弃人时，从来都不会提前打招呼。现实社会的竞争之残酷，阶层差距之大，根本不是一朵朵温室小花能想象的。如果我们不加教导，那么将来孩子进入社会时，就会像一只家养"宠物"直接进入了野外丛林，而父母还希望它瞬间自学成才，从零开始学会捕食和自卫。

所以我总是建议家长积极地创造条件，让孩子尽早体验竞争。竞争当然有输有赢，但我们就是要让孩子学会消化输赢，学会从结果中学习和成长，学会品味"不甘心"和"我也想赢"。

即使孩子输了，父母也不要斥责他："怎么就输了呢？""看看你在干什么，太差劲了！"不甘心的情绪可以有，但父母不能打击孩子。父母要做的是激励以及指明方向："真不甘心啊。这次输了就输了吧。关键是下一次咱们一定要赢！事情还没完，加油！"

而且追求赢无须拘泥于某个特定的领域。每一种赢都有它的精彩之处，能沁入心灵深处，唤醒一部分沉睡的自信。

只要孩子在某个项目上有了信心："这里有戏，搞不好我能赢！"那他就一定会为此赴汤蹈火，不遗余力。他会一一扳倒那些萦绕心间的羞耻感，证明自己不可小觑、潜力无穷。一旦他赢了一次，就能品味到奔涌澎湃的成就感，收获无坚不摧的自强信念。这些积极体验又将反哺他的信心，让他进一步搏击长空，逆流而上，去追逐更大的梦想与胜利。

孩子如果不适应学校的教学，就去兴趣班找感觉。兴趣班里也找不到感觉，就让他去参加一个体育项目。**世界那么大，舞台那么多，何必绝望得这么早？** 就像买彩票一样，多给孩子准备几个舞台吧，东边不亮西边亮，比得多了总能赢一次。

当孩子把成绩单带回家时，父母也不要紧张。不是每个科目都必须满分，语文不行就夸数学，数学不行就夸英语。只要家长找对角度，认真分析，肯定会发现孩子有一个科目是赢过他人的。

必胜的信念不需要前提条件，冲就对了

"人无完人，没关系的。"

人生实苦，有时能苦到人的灵魂像是出窍、碎裂、崩塌了一般。例如，有的人会因为无法承受事业的失败，而选择走上绝路。在他们眼中，当下的事业失败就等于整个人生白活。

对于抗压能力弱的人来说，经常会有"在这里输了一切就结束

第 8 章
也许会失败，但绝对不认输

了"的想法。他们面对所有事情都抱着大难将至的恐慌和再无可能的绝望。

但内心强大的人就活得像根弹簧，百折不挠的同时又能屈能伸。他们不把一次的输当作人生的终结，目光永远放在将来，笃定地相信自己迟早会赢。他们即使事业失败了，也会再起山头，大不了就从头再来：打零工、求助家人、换行业……路子多着呢，何必急着向命运投降？

此外，内心强大的人也不会在情伤里求生不得，求死不能。失恋？那是上苍安排了别的良人在等我！持有这样的人生观的人，才是真正意义上的内心强大的人吧？

前文提到过，我弟弟一度在学习上非常吃力，但母亲从来没给他泼过一盆冷水。母亲只是一遍又一遍地告诉弟弟："你可以的，你能学好！"

母亲忠实地践行着强者的理念，坚持不懈地给弟弟灌输不怕输和奋斗到底的精神，让弟弟相信：只要不放弃，最后就一定会成功。

而我虽然学习尚可，但运动方面实在是缺乏天资。尽管如此，

"笨"小孩也能上名校

母亲也从不为此哀叹或逼我去做什么来扭转体育上的败局。

"运动不好就不好吧，别勉强自己，咱们学习好就行！现在学习好，将来也能成才，完全不用担心。"

母亲的话给我注入了一股股力量，完美对冲了不擅长运动带给我的伤害和挫败感，让我从没否定或怀疑过自己。

父母不要一味地强调孩子有做得不好的事情：这孩子学习太差了、这孩子在运动方面真是不行、这孩子性格怎么这么怪……如此翻来覆去地抱怨和指责，又能改变什么呢？

父母首先要做的就是接纳孩子的缺点与劣势："人无完人，没关系的。"然后发掘孩子的长处，激发潜能，唤醒斗志："咱们选准领域，先赢它一次就好！""人生长着呢，咱等等机会，一定能翻身！"

后 记

勇敢逐梦,陪孩子找到属于他的光和远方

全书已完结。我很好奇此刻读者朋友们的感受如何?

如果你多少增加了几分育儿的信心,能更好地养育孩子,帮助孩子享受成长的过程,勇敢逐梦,找到属于他的光和远方。那么我也将由衷地为这本小书感到荣幸——祝贺它完成了自己的使命!但如果有读者还是觉得:"道理是道理,但现实还是很难啊……""我家孩子可没那么优秀、懂事,这些方法行得通吗?"

那我就先要反思自己了,可能是我的表达还不够有力或到位,没能让读者朋友给自己注入足够的勇气。勇气对所有人都很重要,孩子需要它,父母也不例外。

"笨"小孩也能上名校

我之前写了很多应试备考主题的畅销书。承蒙市场厚爱，这些书帮助大量的孩子从不善于学习的泥沼中一步步走了出来，甚至还让一些排名倒数的孩子逆袭成功，考进了一流大学。一些交流场合（比如"80后""90后"精英座谈会、创业家聚会等）也常传出对我的谬赞。年轻的成功人士表示，当年从我这里学到了不少应试备考的技巧和思路，这些方法时至今日仍在他们的生活中发光发热。

不过我也会收到些批评性、攻击性的评论。且有越来越多的人开始质疑逆袭的可能性："高中毕业时一击即中就考上东京大学的人能是常人吗？他的方法一般人学得了吗？"我能感觉到，自己的书不再如当年那般畅销了。

但我的育儿方针和家庭教育观念始终没有动摇半分。我依然相信，被阿德勒心理学滋养长大的孩子，会形成强大的自信，他会告诉自己："别人做得到，那我也行！"然后他就敢放手一搏，竭力突破。途中即使遇到阻力，他也不会轻言放弃。只要目标尚存，旅程就还没结束，不过是需要调整姿态、换个思路再出发罢了。他会坚信只要不断地尝试，就一定找得到适合自己的方法。

阿德勒的核心理念就是"目标学说"。他的育儿方法不是一套操作说明书，父母不需要遵从一条条具体规定去说什么或做什么。而是要因材施教，给孩子注入力量、勇气与自信，能做到这一点就

后 记
勇敢逐梦，陪孩子找到属于他的光和远方

是一个成功的阿德勒式家长。所以，父母们完全不需要把本书视作教科书，一课一课地刷题和实操。

阿德勒不赞同人们在解决问题时过度纠缠于原因，他对"原因学说"不甚推崇。如果有读者朋友觉得自己"过去总是训斥孩子"或"始终没被孩子接受认可"，于是对育儿丧失了信心，那我想说：我们放下这些过往就好，它们没那么重要。

昨日种种再是令人纠结怨念，也不可能真就成为定数，终生无法撼动。人的理念与情绪当然可以变，且本来就在变。我们的待人接物、沟通往来都会随着经验的积累持续发展升级，育儿的风格和水平也是同理。

我们常能看到一种代际传承般的原生家庭桎梏。一个人如果小时候没有从父母那里得到足够的肯定与接纳，那么他长大后也会同样地去否定和打压自己的孩子。我写作本书，就是希望能帮助有需要的人去斩断这条锁链。

我的心愿是让全天下的父母和孩子都能享受彼此的陪伴，享受生命的成长，卸下防备与恐慌。我们的目标都是让孩子更幸福，让他将来走上社会后更顺遂、更成功。只要是在朝着这个目标前行，我们就应该相信："我的育儿方向没问题，一切都会好起来。"

"笨"小孩也能上名校

本书写了很多具体的话术、技巧和建议，但真正重要的不是这些"术"，而是阿德勒所提倡的"道"，即目标。如果用了本书的方法，但效果不理想，那就换一种方法；还是不行的话，那就继续尝试别的……目标就在前方，终将得以实现，我们只是需要找到那条属于自己的路而已。

多年来，我一直在研究精神分析学（实际上更偏向所谓的"主流"学派，阿德勒心理学在这里并不受重视，鲜有声量）。我之前对阿德勒的学说研究不够深刻，但后来却深深为阿德勒心理学所折服，也从中获取了蓬勃的勇气。

如果读者读完本书，也能在育儿上获得些许勇气，那就是我的无上荣光。最后，我要诚挚地感谢大和书房出版社的藤泽阳子女士与渡边稔大先生，他们为本书的编辑付出了大量心血，我感激不尽。

再版后记

世界风云变幻，请用灵活与果敢武装我们的孩子

本书初版发行后，深受各位家长朋友们的厚爱，得以持续畅销。此次又值小开本再版发行，我诚惶诚恐，深深感激。

如前文中已提及的，孩子的自信是一件精神瑰宝和人生利器。孩子就应该对自己以及未来保有信心。这种自信不仅能帮助他奋发图强，努力学习，拿到一张还算不错的学历证书，更会为他的一生都涂上乐观从容、坚韧不拔的精神底色。

此刻我已61岁，但依然老骥伏枥，愿意尝试很多新鲜事物，也还在写书出书。但我不再受功名利禄所惑，亦不再为学历或地位所限了。人生得此自由，幸甚至哉，夫复何求。

"笨"小孩也能上名校

认真学习的确很重要，大多数时候学历高一点也的确是件好事。我的弟弟在学习上就逆袭成功，尝到了高学历的甜头。但凡事过犹不及，或者说一旦抓错了重点，结果可能就与初心南辕北辙了。例如，有些人尽管考入了东京大学，但因教授的权威和社会地位而畏畏缩缩，即使明知教授所讲有偏颇之处也不敢反驳或质疑。这些人即使走上科研岗位或当了医生，也是随波逐流，碌碌无为。可悲的是，这种人其实还不少。

我当年放纵自己的初生牛犊之心，早早地便挥别了医院管理的岗位。这腔孤勇与豪情就源于从小从母亲那里获得的勇气。凭借母亲赐予我的自信，我才能坚守自己的原则和判断，无惧于追随己心。

未来的世界定将更加变幻莫测，竞争激烈。

取得高学历肯定是再好不过了，但要想让高学历成为一生无虞的保证就太过天真了。

当年母亲看着我一副情商低、沟通无能的模样，只得鼓励我靠技术和本事吃饭："你要是考得到一个什么行业资格证，好歹还能活下去。否则真会饿死的。"不幸中的万幸是我生得早，这个道理目前还行得通。但将来的孩子不能光靠个资格证就能找到饭吃了。

再版后记
世界风云变幻，请用灵活与果敢武装我们的孩子

拿医疗行业来说，如果人工智能技术进一步发展，能根据患者的检查数据和医学影像做出更准确的诊断了，那么医生可能迎来"毁灭"式的失业潮。

我们的人生很长，一个人的确可能在其中的某一段发挥得更好，跑得更快，但他不一定就能保持优势一直到终点。

在这漫长的一生中，有起就有落，有顺就有逆。四季更替与甘苦交织中，孩子需要拥有源源不断的自信和勇气，去开拓新领域，尝试新事物。一条路走不通，换一条便是。条条路都走不通，那就试试飞过去！人生很不幸，因为没有大师能告诉我们正确答案；人生又很幸运，因为本就不需要别人定义的正确答案，适合你自己的、能实现目标的方法就是完美答案。有的父母把所有的精力和希望都放在孩子的学历提升上，把他塞进一个又一个补习班里。与其如此疯狂，不如打开眼界，多看看其他的可能性，为孩子找到最适合他的路。

父母是孩子最好的老师。我们如果希望孩子敢于尝试不同的事物，不妨就从自身做起，尝试给孩子看。

真诚希望本书能成为读者朋友们勇气的一个来源。读过它，你也能如我一般老夫聊发少年狂，去成全一下心中那份存放已久的热爱和向往。期待很美好，但体验更动人。

参考文献

『勇気はいかに回復されるのか』アルフレッド・アドラー、岸見一郎訳・注釈（アルテ）
『子どもの教育』アルフレッド・アドラー、岸見一郎訳（アルテ）
『比べてわかる！フロイトとアドラーの心理学』和田秀樹（青春出版社）
『人と比べない生き方』和田秀樹（SB新書）

未来，属于终身学习者

我这辈子遇到的聪明人（来自各行各业的聪明人）没有不每天阅读的——没有，一个都没有。巴菲特读书之多，我读书之多，可能会让你感到吃惊。孩子们都笑话我。他们觉得我是一本长了两条腿的书。

——查理·芒格

互联网改变了信息连接的方式；指数型技术在迅速颠覆着现有的商业世界；人工智能已经开始抢占人类的工作岗位……

未来，到底需要什么样的人才？

改变命运唯一的策略是你要变成终身学习者。未来世界将不再需要单一的技能型人才，而是需要具备完善的知识结构、极强逻辑思考力和高感知力的复合型人才。优秀的人往往通过阅读建立足够强大的抽象思维能力，获得异于众人的思考和整合能力。未来，将属于终身学习者！而阅读必定和终身学习形影不离。

很多人读书，追求的是干货，寻求的是立刻行之有效的解决方案。其实这是一种留在舒适区的阅读方法。在这个充满不确定性的年代，答案不会简单地出现在书里，因为生活根本就没有标准确切的答案，你也不能期望过去的经验能解决未来的问题。

而真正的阅读，应该在书中与智者同行思考，借他们的视角看到世界的多元性，提出比答案更重要的好问题，在不确定的时代中领先起跑。

湛庐阅读App：与最聪明的人共同进化

有人常常把成本支出的焦点放在书价上，把读完一本书当作阅读的终结。其实不然。

时间是读者付出的最大阅读成本

怎么读是读者面临的最大阅读障碍

"读书破万卷"不仅仅在"万"，更重要的是在"破"！

现在，我们构建了全新的"湛庐阅读"App。它将成为你"破万卷"的新居所。在这里：

- 不用考虑读什么，你可以便捷找到纸书、电子书、有声书和各种声音产品；
- 你可以学会怎么读，你将发现集泛读、通读、精读于一体的阅读解决方案；
- 你会与作者、译者、专家、推荐人和阅读教练相遇，他们是优质思想的发源地；
- 你会与优秀的读者和终身学习者为伍，他们对阅读和学习有着持久的热情和源源不绝的内驱力。

下载湛庐阅读 App，
坚持亲自阅读，
有声书、电子书、阅读服务，
一站获得。

本书阅读资料包
给你便捷、高效、全面的阅读体验

本书参考资料
湛庐独家策划

- ☑ **参考文献**
  为了环保、节约纸张,部分图书的参考文献以电子版方式提供

- ☑ **主题书单**
  编辑精心推荐的延伸阅读书单,助你开启主题式阅读

- ☑ **图片资料**
  提供部分图片的高清彩色原版大图,方便保存和分享

相关阅读服务
终身学习者必备

- ☑ **电子书**
  便捷、高效,方便检索,易于携带,随时更新

- ☑ **有声书**
  保护视力,随时随地,有温度、有情感地听本书

- ☑ **精读班**
  2~4周,最懂这本书的人带你读完、读懂、读透这本好书

- ☑ **课　程**
  课程权威专家给你开书单,带你快速浏览一个领域的知识概貌

- ☑ **讲　书**
  30分钟,大咖给你讲本书,让你挑书不费劲

湛庐编辑为你独家呈现
助你更好获得书里和书外的思想和智慧,请扫码查收!

(阅读资料包的内容因书而异,最终以湛庐阅读App页面为准)

ADLER RYU 'JIBUN DE BENKYOSURU KO' NO OYA NO KOTOBA
Copyright © HIDEKI WADA 2016
First published in Japan in 2016 by DAIWA SHOBO Co., Ltd.
Simplified Chinese translation rights arranged with DAIWA SHOBO Co., Ltd. through East West Culture & Media Co., Ltd., Tokyo Japan.

Simplified Chinese edition copyright © 2022 by Cheers Publishing Company, China.
All rights reserved.

本书中文简体字版由 DAIWA SHOBO Co., Ltd. 授权在中华人民共和国境内独家出版发行。未经出版者书面许可，不得以任何方式抄袭、复制或节录本书中的任何部分。

著作权合同登记号：图字：01-2022-6110 号

版权所有，侵权必究
本书法律顾问　北京市盈科律师事务所　崔爽律师

图书在版编目（ＣＩＰ）数据

"笨"小孩也能上名校 / (日)和田秀树著；赵学坤译. --北京：中国纺织出版社有限公司，2023.1
ISBN 978-7-5229-0167-1

Ⅰ.①笨… Ⅱ.①和… ②赵… Ⅲ.①学习方法-家庭教育 Ⅳ.①G791②G78

中国版本图书馆CIP数据核字（2022）第242950号

责任编辑：柳华君　　责任校对：高　涵　　责任印制：储志伟

中国纺织出版社有限公司出版发行
地址：北京市朝阳区百子湾东里 A407 号楼　邮政编码：100124
销售电话：010—67004422　传真：010—87155801
http://www.c-textilep.com
中国纺织出版社天猫旗舰店
官方微博 http://weibo.com/2119887771
石家庄继文印刷有限公司印刷　各地新华书店经销
2023年1月第1版第1次印刷
开本：710×965　1/16　印张：14
字数：143千字　定价：72.90元

凡购本书，如有缺页、倒页、脱页，由本社图书营销中心调换